张居正
帝鉴图说

(明)
张居正　马自强　吕调阳
- 编撰 -

龙建春
- 校注 -

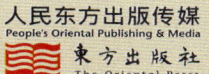

图书在版编目（CIP）数据

张居正帝鉴图说 /（明）张居正,（明）马自强,（明）吕调阳 编撰；龙建春校注. —北京：东方出版社，2022.11
ISBN 978-7-5207-2902-4

Ⅰ.①张… Ⅱ.①张…②马…③吕…④龙… Ⅲ.①政治思想史–中国–古代②《帝鉴图说》–注释 Ⅳ.①D092.2

中国版本图书馆CIP数据核字（2022）第132712号

张居正帝鉴图说
（ZHANG JUZHENG DIJIAN TUSHUO）

编　　撰	（明）张居正　马自强　吕调阳
校　　注	龙建春
责任编辑	邢　远
特约策划	慧新时间
特约编辑	龙若飞
出　　版	东方出版社
发　　行	人民东方出版传媒有限公司
地　　址	北京市东城区朝阳门内大街166号
邮　　编	100010
印　　刷	天津图文方嘉印刷有限公司
版　　次	2022年11月第1版
印　　次	2022年11月第1次印刷
开　　本	710毫米×1000毫米　1/16
印　　张	16
字　　数	230千字
书　　号	ISBN 978-7-5207-2902-4
定　　价	88.00元

发行电话：（010）85924663　85924644　85924641

版权所有，违者必究

如有印装质量问题，我社负责调换，请拨打电话：（010）85924602　85924603

目录

《帝鉴图说》叙

聖哲芳規 —上篇—

任贤图治	唐尧帝	002
谏鼓谤木	唐尧帝	004
孝德升闻	虞舜帝	006
揭器求言	夏禹王	008
下车泣罪	夏禹王	010
戒酒防微	夏禹王	012
解网施仁	商汤王	014
桑林祷雨	商汤王	016
德灭祥桑	商中宗	018

梦赉良弼	商高宗	020
泽及枯骨	周文王	022
丹书受戒	周武王	024
感谏勤政	周宣王	026
入关约法	汉高帝	028
任用三杰	汉高帝	030
过鲁祀圣	汉高帝	032
却千里马	汉文帝	034
止辇受言	汉文帝	036

纳谏赐金	汉文帝	038
不用利口	汉文帝	040
露台惜费	汉文帝	042
遣幸谢相	汉文帝	044
屈尊劳将	汉文帝	046
蒲轮征贤	汉武帝	048
明辨诈书	汉昭帝	050
褒奖守令	汉宣帝	052
诏儒讲经	汉宣帝	054

葺槛旌直	汉成帝	056
宾礼故人	汉光武	058
拒关赐布	汉光武	060
夜分讲经	汉光武	062
赏强项令	汉光武	064
临雍拜老	汉明帝	066
爱惜郎官	汉明帝	068
君臣鱼水	汉昭烈帝	070
焚裘示俭	晋武帝	072

留袡戒奢	宋高祖	074
弘文开馆	唐太宗	076
上书黏壁	唐太宗	078
纳箴赐帛	唐太宗	080
纵鹊毁巢	唐太宗	082
敬贤怀鹞	唐太宗	084
览图禁杖	唐太宗	086
主明臣直	唐太宗	088
纵囚归狱	唐太宗	090

望陵毁观	唐太宗	092
撤殿营居	唐太宗	094
面斥佞臣	唐太宗	096
剪须和药	唐太宗	098
遇物教储	唐太宗	100
遣归方士	唐太宗	102
焚锦销金	唐玄宗	104
委任贤相	唐玄宗	106
兄弟友爱	唐玄宗	108

召试县令	唐玄宗	110
听谏散鸟	唐玄宗	112
啗饼惜福	唐玄宗	114
烧梨联句	唐肃宗	116
不受贡献	唐宪宗	118
遣使赈恤	唐宪宗	120
延英忘倦	唐宪宗	122
淮蔡成功	唐宪宗	124
论字知谏	唐穆宗	126

屏书政要	唐宣宗	128
焚香读疏	唐宣宗	130
敬受母教	宋太祖	132
解裘赐将	宋太祖	134
碎七宝器	宋太祖	136
受言书屏	宋太祖	138
戒主衣翠	宋太祖	140
竟日观书	宋太宗	142
引衣容直	宋太宗	144

改容听讲	宋仁宗	146
受无逸图	宋仁宗	148
不喜珠饰	宋仁宗	150
纳谏遣女	宋仁宗	152
天章召见	宋仁宗	154
夜止烧羊	宋仁宗	156
后苑观麦	宋仁宗	158
轸念流民	宋神宗	160
烛送词臣	宋哲宗	162

上篇后记 164

狂愚覆辙 —下篇—

游畋失位	夏太康	168
脯林酒池	夏桀王	170
革囊射天	商武乙	172
妲己害政	商纣王	174
八骏巡游	周穆王	176
戏举烽火	周幽王	178
遣使求仙	秦始皇	180
坑儒焚书	秦始皇	182
大营宫室	秦始皇	184

女巫出入	汉武帝	186
五侯擅权	汉成帝	188
市里微行	汉成帝	190
宠昵飞燕	汉成帝	192
嬖佞戮贤	汉哀帝	194
十侍乱政	汉桓帝	196
西邸鬻爵	汉灵帝	198
列肆后宫	汉灵帝	200
芳林营建	魏主叡	202

羊车游宴	晋武帝	204
笑祖俭德	宋武帝骏	206
金莲布地	齐主宝卷	208
舍身佛寺	梁武帝	210
纵酒妄杀	北齐主洋	212
华林纵逸	北齐主纬	214
玉树新声	陈后主	216
剪彩为花	隋炀帝	218
游幸江都	隋炀帝	220

斜封除官	唐中宗	222
观灯市里	唐中宗	224
宠幸番将	唐玄宗	226
敛财侈费	唐玄宗	228
便殿击毬	唐敬宗	230
宠信伶人	后唐庄宗	232
上清道会	宋徽宗	234
应奉花石	宋徽宗	236
任用六贼	宋徽宗	238

下篇后记 240

《帝鉴图说》后序 242

凡例

一、《明史》记载："凡亲王出阁读书，内阁官提调检讨等官讲读，拟定经书起止，所习仿字，每日送看。"明隆庆六年（1572），皇太子朱翊钧即位，年仅十岁，也是出阁读书的年龄，身为太傅的大学士张居正与翰林院讲官开始为朱翊钧讲学。作为图画书的《帝鉴图说》，为张居正、马自强、吕调阳这些内阁大学士亲自编撰，全书由一个个小的故事构成，每个故事配以形象的插图，以此方式来教导年幼的皇帝，更为直观易解。

二、本书以清中期刊本、纯忠堂藏版为底本，逐一点校，更正市场上流传版本错讹，并且为了让读者阅读无障碍，在原文的基础上，对生僻难解的字词详加注释，对每则图说故事的出处来源做了大致的交待，与原文相得益彰。

三、本书所采用的插图，为清代早期宫廷画家依据《帝鉴图说》所绘的有九十五幅（后传入欧洲），另根据底本版画，请现代美术专家补绘了二十二幅，一百一十七幅人物场景图得以完整再现。这些插图对文字形成了补充说明，使得故事形象生动可感，尽管有些画与所展示的历史时期场景及人物着装、发饰等细节存在一些出入，但因其能够传神地反映故事的精粹，因此我们基本保留了原貌。

四、本书的篇章标题书法字均出自《澄衷蒙学堂字课图说》，非字库字体。书中对疑难字作了补充注释，有助于读者排除阅读障碍；生僻字的注音主要依据《汉语大字典》（崇文书局、四川辞书出版社，1999年袖珍本第二版），个别字注音和繁简字使用与通行本有分歧者，以《汉语大字典》为准。

五、本书有阙漏、讹误者，尚祈方家惠予指正，并俟来日补苴罅漏。

《帝鉴图说》叙

《帝鉴图说》者，今元辅少师张公辑以进御者也。上初登大宝，召见公平台，隆倚眷，公亦精白，佐上《访落》理垂衣也。上睿哲，挺上智资。公首陈劝学，所简进侍从、儒臣分日直讲，公偕少保吕公侍，数承清问，效启沃。上益向意于学，公令讲臣采撷前代君人治绩，遡唐虞以迄汉、唐、宋，理乱、兴衰、得失可为劝戒者，条陈其事百余，各因其事绘图，系之说，以备乙览存考镜。

马题曰"帝鉴"，公草疏率诸讲臣进之黼座，上为起受，顷间彻睿览，指其中一一顾问公。公对如指。一时廷臣谓上明圣不出世也。夫所贵乎君人务学者，学为君也。君者抚九有而治，治本乎道，繇其道而治兴，不繇其道而否者，历征前代往迹昭然，媺恶举而不爽，考睹矣。故曰前王之遗轨，后王之永鉴，世主未有不师古而善治者，乃或有谬悠其涂辙罔轨，于圣哲而狂愚是蹈焉，由鉴与罔鉴间耳。鉴于言而弗迪，厥行于持其始而鲜克终，犹罔鉴也。唐虞而后论治者，则商周首称然。殷鉴有夏，周鉴有殷，其道同也。下是者，无论两汉即唐宋之君，非无中材，间亦有绘前代之迹者，有图无逸于屏者，乃其君臣取具于缘饰，而鲜交修之实，竟其治不能睎隆古于百一。

上聪明，首出既冲年，纂历服，孳孳法古图治，任用贤哲，方开泰治以永熙。图将唐虞复出，即商周不啻也。千百世而下仰稽帝范者，知明有哲，后乃亦有交修一德之臣，则是图有不视为典训，著垂无疆者哉。公以公忠受简知，上尝亲洒宸翰，锡公良臣，夫有明后者斯臣良，今其时千载一遇也。声不佞，被遇三朝，病违朝列者二十余年，顷奉诏，备礼官，思夙夜奉职未遑也。属公所进图说，上嘉纳，敕下礼官宣付史馆，公复梓其副，以扬休美。属以校梓者，则文学乔子承华谓声礼官也，宜叙端简。

万历癸酉仲春吉日

礼部尚书兼翰林院学士华亭　陆树声　撰

規芳

上篇

圣哲芳规

任贤图治

任贤图治 01 唐尧帝

> 唐史纪尧命羲和，敬授人时。羲仲居嵎夷，理东作；羲叔居南交，理南讹；和仲居昧谷，理西成；和叔居朔方，理朔易。又访四岳，举舜登庸。

解 唐史上，记帝尧在位，任用贤臣，与图治理。那时贤臣有羲氏兄弟二人、和氏兄弟二人。帝尧着他四个人敬授人时，使羲仲居于东方嵎夷之地，管理春时耕作的事；使羲叔居于南方交趾之地，管理夏时变化的事；使和仲居于西方昧谷之地，管理秋时收成的事；使和叔居于北方幽都之地，管理冬时更易的事。又访问四岳之官，着他荐举天下贤人可用者，于是四岳举帝舜为相。那时天下贤才，都聚于朝廷之上，百官各举其职，帝尧垂拱，无为而天下自治。

盖天下可以一人主之，不可以一人治之。虽以帝尧之圣，后世莫及，然亦必待贤臣而后能成功。《书》曰："股肱惟人，良臣惟圣。"言股肱具而后成人，良臣众而后成圣，意亦谓此。其后帝舜为天子，也跟着帝尧行事，任用九官十二牧，天下太平，乃与群臣作歌以纪其盛，曰："元首明哉，股肱良哉，庶事康哉。"所以，古今称"尧舜垂衣裳而天下治"，斯"任贤图治"之效也。

【注】本则出自《尚书·尧典》。尧（约前2377—前2259年）：姬姓，伊祁氏，名放勋，上古时期部落联盟首领、五帝之一，帝喾之子，史称唐尧、帝尧、大尧。羲和：即羲氏、和氏，掌天地四时之官。敬授人时：敬记天时以教导民众。嵎夷：莱夷之地，今位于山东东部滨海地区。作：春时耕作。南交：南方之地，泛指五岭以南。讹：化育。昧谷：日入于谷而天下冥，指日落之西方。成：收成。朔方：北称朔或方，指北方边远之地。易：改易。四岳：即羲氏、和氏之子，分管四岳的诸侯。登庸：选拔任用或登帝位，此处指舜被推举为尧的继承人。

谏鼓谤木

谏鼓谤木 02 唐尧帝

唐史纪尧置敢谏之鼓,使天下得尽其言;立诽谤之木,使天下得攻其过。

解 唐史上,记帝尧在位,虚己受言,常恐政事有差谬,人不敢当面直言,特设一面鼓在门外,但有直言敢谏者,着他就击鼓求见,欲天下之人,皆得以尽其言也。又恐自己有过失,人在背后讥议,己不得闻,特设一木片在门外,使人将过失书写在木上,欲天下之人,皆得以攻其过也。

夫圣如帝尧,所行皆尽善尽美,宜无谏可谤者,而犹惓惓以求言闻过为务,故下情无所壅而君德日以光。然欲法尧为治,亦不必置鼓立木,徒仿其迹,但能容受直言,不加谴责,言之当理者,时加奖赏以劝励之,则善言日闻而太平可致矣。

【注】 本则出于《淮南子·主术训》。虚己受言:以谦虚的态度听取别人的意见。 惓惓:恳切诚挚的样子。 壅:堵塞。

孝德升闻

孝德升闻 03 虞舜帝

虞史纪舜父瞽叟，娶后妻，生象。父顽母嚣，象傲，常欲杀舜。舜避逃，克谐以孝。瞽叟亦允若。帝求贤德可以逊位，群臣举舜，帝亦闻之。于是以二女妻舜，舜以德率二女，皆执妇道。

解 虞史上，记大舜的父是个瞽目人，他前妻生的儿子就是大舜。舜母故了，瞽叟又娶一个后妻，生的儿子叫做象。那瞽叟愚顽不知道理，后妻嚣恶不贤，象又凶狠无状，他三个人时常商量着要杀舜。舜知道了，设法躲避，然后得免；然终不敢怨其父母，只尽自家的孝道，久之，感化得一家人都和睦。瞽叟见他这等孝顺，也相信喜欢了，所以人都称他为孝子。当时帝尧要求贤德的人可逊以帝位者，群臣都举荐他。此先，帝尧已知大舜善处父母兄弟，是个圣人，但是不知处夫妇之间何如。于是召舜去，把两个女儿都嫁与他为妻。舜又能以德化率这二女，在他父母前尽做媳妇的道理。尧因此遂禅以帝位。

自古圣贤，皆以孝行为本，然父母慈爱而子孝顺，尚不为难。独舜父母不慈，而终能感化，所以当时以为难能，而万世称为大孝也。

【注】 本则出自《尚书·尧典》。舜（约前2287—约前2067）：姚姓，妫氏，名重华，中华民族共同始祖之一，东夷部落首领，五帝之一，史称帝舜、虞舜、舜帝。瞽：本指瞎眼，此处或指舜之父有目，不能分辨好恶，故谓之瞽。顽：内心不遵道义。嚣：行事无忠信。傲：傲慢不友爱兄弟。克：能够。允若：顺从。二女：指娥皇、女英。妻：嫁。

上篇　圣哲芳规

揭器求言

揭器求言 04 夏禹王

夏史纪大禹悬钟、鼓、磬、铎、鞀，以待四方之士，曰："教寡人以道者，击鼓；谕以义者，击钟；告以事者，振铎；语以忧者，击磬；有狱讼者，摇鞀。"

【解】夏史上，记大禹既居帝位，恐自家于道有未明，义有未熟，或事务有不停当处，或有可忧而不知，或狱讼之未断，四方远近的人，无由得尽其言。于是将钟、鼓、磬、铎、鞀五样乐器挂在外面，告谕臣民说道："有来告寡人以道者，则击鼓；谕以义者，则撞钟；告以事者，则振铎；语以忧者，则敲磬；有狱讼者，则摇鞀。"禹在里面，听见有那（nǎ）一件声响，便知是那一项人到，就令他进见尽言。

夫禹是大圣，聪明固已过人，而又能如此访问，则天下事务岂有一件不知？四方民情岂有一毫壅蔽？此禹之智所以为大，而有夏之业所由以兴也。

【注】本则出自周·鬻熊《鬻子》。禹：姓姒，史称大禹、帝禹，为夏后氏首领、夏朝开国君王。钟：古代乐器，编钟。磬：石制的打击乐器。铎：古乐器，形似大铃，如铙、钲而有舌，古代用作宣布政教法令。鞀（táo）：即鼗，形似拨浪鼓，有柄，两面有环，可摇动。

下车泣罪

下车泣罪 05 夏禹王

夏史

纪大禹巡狩,见罪人,下车问而泣之。左右曰:"罪人不顺道,君王何为痛之?"王曰:"尧舜之人,皆以尧舜之心为心;我为君,百姓各以其心为心,是以痛之。"

解 夏史上,记大禹巡行诸侯之国,路上遇见一起犯罪的人,心中不忍,便下车来问其犯罪之由,因而伤痛垂泣。左右的人问说:"这犯罪之人,所为不顺道理,正当加以刑罚,君王何故痛惜他?"禹说:"我想尧舜为君之时能以德化人,天下的人都体着尧舜的心为心,守礼安分,自不犯刑法。今我为君,不能以德化人,这百姓每各以其心为心,不顺道理,所以犯罪。是犯罪者虽是百姓,其实由我之不德有以致之。故我所以伤痛者,不是痛那犯罪之人,盖痛我德衰于尧舜也。"

夫禹不以罪人可恶,而以不德自伤如此,则所以增修其德,而期于无刑者,无所不至矣。

【注】 本则出自刘向《说苑·君道》。巡狩:帝王巡行各地。顺道:遵礼守法。百姓每:即"百姓们";每,古同"们",宋、元、明时口语,下同。

上篇　圣哲芳规

戒酒防微

戒酒防微 06 夏禹王

> 夏史
> 纪禹时仪狄作酒。禹饮而甘之，遂疏仪狄，绝旨酒，曰："后世必有以酒亡国者。"

解 夏史上，记大禹之时，有一人叫做仪狄，善造酒。他将酒进上大禹，禹饮其酒，甚是甘美，遂说道："后世之人，必有放纵于酒以致亡国者。"于是疏远仪狄，再不许他进见；屏去旨酒，绝不以之进御。

夫酒以供祭祀、燕飨，礼所不废，但纵饮过度，则内生疾病，外废政务，乱亡之祸，势所必至。故圣人谨始虑微，预以为戒。岂知末世孙桀，乃至以酒池牛饮为乐，卒底灭亡。呜呼！祖宗之训可不守哉！

【注】 本则出自《战国策·魏策二》。仪狄：夏禹时代司掌造酒的官员，相传是我国最早的酿酒人，虞舜的后人。疏：疏远。旨：美。燕飨：指帝王饮宴群臣、国宾。桀：夏桀，夏朝末代君主。底：同"抵"，达到。

解網施仁

解網施仁 07 商汤王

商史

纪汤出,见网于野者,张其四面而祝之曰:"自天下四方,皆入吾网。"汤曰:"嘻,尽之矣!"解其三面,而更其祝曰:"欲左,左;欲右,右;欲高,高;欲下,下。不用命者,乃入吾网。"汉南诸侯闻之曰:"汤德至矣,及禽兽。"一时归商者,三十六国。

解 商史上,记成汤为君宽仁,尝出至野,见有人四面张着罗网捕鸟雀,口里祷祝说:"从天上坠下的,从东西南北四方飞来的,都要落在我网里。"汤闻之不忍,叹息说:"这等是那鸟雀一个也逃不出去了,何伤害物命不仁如此!"于是使从人将那网解去三面,止存一面。又从新替他祷祝,说道:"鸟之欲左者左,欲右者右,欲高者高,欲下者下,任从你飞翔。只是舍命要死的,乃落吾网中。"夫汤之不忍于害物如此,其不忍于害民可知。所以,当时汉江之南,列国诸侯闻汤这一事,都称说:"汤之仁德,可谓至矣。虽禽兽之微,亦且及之,而况于人乎?"于是三十六国,一时归商。

盖即其爱物,而知其能仁民,故归之者众也。

【注】 本则出自《史记·殷本纪》。汤:商汤(约前 1670—前 1587),即成汤,子姓,名履,契的第十四代孙,商朝开国君主。祝:祷告。不用命:不要命。

桑林祷雨

桑林祷雨 08 商汤王

商史

纪成汤时，岁久大旱。太史占之曰："当以人祷。"汤曰："吾所为请雨者人也，若必以人，吾请自当。"遂斋戒，剪发断爪，素车白马，身婴白茅，以为牺牲，祷于桑林之野，以六事自责曰："政不节与？民失职与？宫室崇与？女谒盛与？包苴行与？谗夫昌与？"言未已，大雨方数千里。

解 商史上，记成汤之时，岁久不雨，天下大旱。灵台官太史占候说："这旱灾，需是杀个人祈祷，乃得雨。"成汤说："我所以求雨者，正是要救济生人，又岂忍杀人以为祷乎？若必用人祷，宁可我自当之。"遂斋戒身心，剪断爪发，素车白马，减损服御，身上披着白茅草，就如祭祀的牺牲模样，乃出祷于桑林之野，以六件事自责，说道："变不虚生，必有感召。今天降灾异以儆戒我，或者是我政令之出，不能中节欤？或使民无道，失其职业欤？或所居的宫室过于崇高欤？或宫闱的妇女，过于繁盛欤？或包苴之贿赂，得行其营求欤？或造言生事的谗人，昌炽而害政欤？有一于此，则宁可降灾于我一身，不可使百姓每受厄。"汤当时为此言，一念至诚，感动上天，说犹未了，大雨即降，方数千里之广。

盖人有善念，天必从之。况人君为天之子，一言一动，上帝降临，转灾为祥，乃理之必然也。

【注】本则出自西晋·皇甫谧《帝王世纪》。太史：夏、商、周时期为史官及历官之长，掌管起草文书、策命诸侯卿大夫、记载史事，兼管典籍、历法、祭祀等事。婴：缠绕。牺牲：供祭祀用的纯色全体牲畜。政不节与：与，同"欤"，句末语气词，相当于"吗"。包苴：指贿赂。

德灭祥桑

09 高中宗

商史

纪太戊时，有祥桑与榖，合生于朝，一暮大拱。太戊惧，伊陟曰："妖不胜德，君之政，其有阙与？"太戊于是修先王之政，明养老之礼，早朝晏退，问疾吊丧，三日而祥桑枯死。三年，远方重译而至者七十六国，商道复兴。

解 商史上，记中宗太戊之时，有妖祥之桑树与榖树，二物相合生于朝中，一夜之间，就长得大如合抱。中宗见其怪异，心中恐惧，以问其臣伊陟。伊陟说道："这桑榖本在野之物，不宜生于朝。今合生于朝，又一夜即大如拱，诚为妖异。然妖不胜德，今朝中生这妖物，或君之政事有缺失欤？君但当修德以胜之，则妖自息矣。"中宗于是听伊陟之言，修祖宗的政事，明养老的礼节；早朝勤政，日晏才退；百姓们有疾苦问之，有丧者吊之。太戊有这等德政，果然妖物不能胜。三日之间，那桑与榖自然枯死。三年之后，远方外国的人，慕其德义，经过几重通事译语朝他的，有七十六国。商道前此中衰，至此而复兴焉。

夫妖不自作，必有所召。然德在当修，亦岂待妖？观太戊之祥桑自枯，益信妖不足以胜德，而为人君者，不可一日不修德也。

【注】 本则出自《史记·殷本纪》《竹书纪年》。太戊：即商中宗，子姓，名伷，商王太甲之孙，商朝第九任君主，在位七十五年（前1535—前1460）。祥桑：有凶兆的桑树。榖（gǔ）：即楮树。伊陟（zhì）：伊尹之子，太戊的臣子。阙：缺失。重译：第三方语言。

上篇　圣哲芳规

梦赉良弼

梦赉良弼 10 商高宗

商史纪高宗恭默思道,梦帝赉良弼,乃以形旁求于天下。说筑傅岩之野,惟肖,爰立作相。命之曰:"朝夕纳诲,以辅台德。启乃心,沃朕心。"说总百官,佐成商家中兴之业。

【解】 商史上,记商高宗初即帝位,在谅阴之时,恭默不言,想那治天下的道理,于是至诚感动天地。一日梦见上帝赐他一个忠臣辅佐他,醒来就把梦中所见的人,使人画影图形,遍地里去访求。至于傅岩之野,见一个人叫做傅说,在那里筑墙,却与画上的人一般模样。召来与他讲论治道,果然是个贤人,于是就用他做宰相。命他说:"你朝夕在我左右,进纳善言,以辅我之德。当开露你的心,不可隐讳;灌溉我的心,使有生发。"傅说既承高宗之命,统领百官,劝高宗从谏、好学、法祖、宪天。高宗能用其言,遂为商家中兴之主。详见《商书·说命》三篇。

【注】 本则出自《尚书·商书·说命》。高宗:武丁(?—前1192),子姓,名昭,商王盘庚之侄,商朝第二十三任君主,任用傅说(yuè)等贤人,开创"武丁盛世"。赉(lài):赏赐。弼:辅佐。爰:于是。立:任命。台(yí):解作"我"。谅阴:指居丧时住的房子,借指居丧,一般用于帝王。

上篇　圣哲芳规

泽及枯骨

泽及枯骨 11 周文王

周史

纪文王尝行于野，见枯骨，命吏瘗之。吏曰："此无主矣。"王曰："'有天下者，天下之主；有一国者，一国之主。我固其主矣。'葬之。"天下闻之，曰："'西伯之泽及于枯骨，况于人乎？'"

解 周史上，记文王初为西伯时，一日出行于郊野之外，见死人的枯骨暴露于外，因吩咐吏人以土瘗埋之。吏人对说："这枯骨都是年久死绝的人，已无主了。"文王说道："天子有天下，就是天下的主；诸侯有一国，就是一国的主。今此枯骨，我就是他的主了。何忍视其暴露，而不为掩藏之乎？"乃葬而掩之。时天下之人，闻文王这等阴德，都说道："西伯的恩泽，虽无知之枯骨亦且沾及，况有生之人乎？"

夫文王发政施仁，不惟泽被于生民，而且周及于枯骨。所谓"为人君，止于仁"者，此类是也。岂非有天下者之所当取法哉？

【注】 本则出自北宋·刘恕《资治通鉴外纪·卷二》。文王：姬昌（前1152—前1056），姬姓，名昌，周太王之孙，季历之子，周朝奠基者，史称周文王，是中国历史上的一代明君。瘗（yì）：掩埋。"为人君，止于仁"：出自《大学》"为人君，止于仁；为人臣，止度于敬；为人子，止于孝；为人父，止于慈；与国人交，止于信"。

上篇 圣哲芳规　　　　　　　　　　　　　　023

丹書受戒

丹书受戒 12 周武王

周史

纪武王召师尚父而问曰：『恶有藏之约，行之行，万世可以为子孙常者乎？』师尚父曰：『在《丹书》。』王欲闻之，则斋矣。』三日，王端冕，下堂南面而立。师尚父曰：『先王之道不北面。』王遂东面立，师尚父西面道书之言曰：『敬胜怠者，昌；怠胜敬者，亡。义胜欲者，从；欲胜义者，凶。藏之约，行之行，可以为子孙常者，此言之谓也。』王闻之而书于席、几、鉴、盥、盘、楹、杖、带、履、觞、豆、户、牖、剑、弓、矛，皆为铭焉。

解 周史上，记武王即位之初，向老臣师尚父问说："凡前人创造基业，将使后人世世守之也，而能世守者甚少。不知有什么道理，藏之简约，行之顺利，而可以为万世子孙常守者乎？"师尚父对曰："有一卷书，叫做《丹书》，这个道理皆在其中。王欲闻之，必须重其事，斋戒而后可。"武王于是斋戒了三日，端立官冕，不敢上坐，下堂南面而立，致敬尽礼，求受《丹书》。师尚父说："南面是君位，北面是臣位。王南面而立，则《丹书》当北面而授，先王之道至大，岂可北面而授受乎？"王遂东面而立，不敢居君位。师尚父西面而立，亦不居臣位，乃述《丹书》中的言语，说道："凡为君者，敬畏胜怠忽，国必兴昌；怠忽胜敬畏，国必灭亡。公义胜私欲，事必顺从；私欲胜公义，事必逆凶。这个道理，只要在'敬、公'二字上做功夫，藏之何等简约，行之何等顺利，可以为子孙万世常守者，不外乎此矣。"武王敬而信之，遂融化这四句的意思，于是，凡那席上，几上，镜子上，洗面盆上，殿柱上，杖上，带履上，觞豆上，门窗上，剑、弓、矛、枪上，一一作为铭词。不但自家随处接目警心，要使子孙看见，也都世守而不忘焉。

夫武王是个圣君，能屈尊老臣受戒，作为铭词，传之后世。周家历年八百，享国最为长久，非以其能守此道也哉？

【注】本则出自汉·戴德《大戴礼·武王践阼》。武王：姬发（？—前1043），姬姓，名发，文王之子，西周王朝的开国君主，在位十九年，为后世尊为古代明君。恶：同"乌"，"何"的意思。常：效法。敬：勤勉。怠：怠惰。盥：洗手器皿。觞：古代盛酒器。豆：古代盛肉或其他食品的器皿，形状像高脚盘。

感谏勤政

感谏勤政 13 周宣王

周史

纪姜后贤而有德。王尝早卧而晏起,后乃脱簪珥待罪于永巷,使其傅母通言于王曰:"妾不才,致使君王失礼而晏朝,敢请罪。"王曰:"寡人不德,实自生过,非夫人之罪也。"遂勤于政事,早朝晏退,继文武之迹,成中兴之业,为周世宗。

解 周史上,记周宣王的后姜氏,贤而有德。宣王尝有时睡得太早,起得太迟,姜后恐他误了政事,要劝谏他,乃先自贬损,脱去头上的簪环,待罪于宫中长街上,使其保母传言于王,说道:"我无德,不能以礼事王,致使王耽于女色,溺于安逸,失早朝之礼,这是我的罪过,请王加我以罪。"王因此感悟说:"这是我自家怠惰,有此过失,非夫人之罪也(古时称后妃都叫做夫人)。"自此以后,宣王遂勤于政事,每日早起视朝,与君臣讲求治道,至晚方退。其致治之迹,是以上继他祖文王、武王,虽其父厉王时势渐衰弱,至此复能中兴。因宣王有这等功业,所以周家的庙号称他为世宗。

古者后妃夫人进御侍寝,皆有节度,每至昧旦,女史奏《鸡鸣》之诗,则夫人鸣佩玉于房中,起而告退,以礼自防,不淫于色,故能内销逸欲,以成其君勤政之美。《鸡鸣》之诗云:"虫飞薨薨,甘与子同梦。会且归矣,无庶予子憎。"言日将旦而百虫飞作,我岂不乐与子同寝而梦哉?但君臣候朝已久,君若不出,彼将散而归矣,岂不以我之故而使人并憎恶于子乎?姜后之进谏,古礼也。宣王中兴周业,盖得之内助为多。

【注】本则出自北宋·刘恕《资治通鉴外纪·卷三》。 宣王（？—前783）：姬姓，名静，周厉王姬胡之子，西周第十一代君主（前828—前783在位）。 珥：用珠子或玉石做的耳环。 永巷：皇宫中的长巷。 傅母：古代帝王后妃或女儿的老师，又称保母或保姆。 晏：晚。 昧旦：天快亮的时候。《鸡鸣》：《诗经·齐风》中的一篇。

入關約法

入关约法 14 汉高帝

汉史

纪高祖初为沛公，入关，召诸县父老豪杰谓曰："父老苦秦苛法久矣！诽谤者族，偶语者弃市。吾当王关中，与父老约法三章耳：'杀人者死，伤人及盗抵罪。'余悉除去秦苛法。"又使人与秦吏行县乡邑告谕之。秦民大喜，争持牛羊酒食献享军士，惟恐沛公不为秦王。

解 西汉史上，记高帝初起兵伐秦，那时犹号为沛公，既破了崤关，到咸阳地方，因呼唤各县里年高的父老与那有本事的豪杰，都到面前慰劳之，说道："秦君无道，法令烦苛，你百姓每被害久矣。但凡言时政的，他就说人诽谤，加以灭族之罪；两人做一处说话，他就说人有所谋为，加以弃市之刑。其暴虐如此。众诸侯有约：先入关破秦者，王之。今我先入关，当王关中，与你百姓们做主，今日就与父老相约，我的法度，只有三条：'惟是杀了人的，才着他偿命，若打伤人及为偷盗的，只各坐以应得的罪名，不加以死。'此外一切苛法，都革去不用。"又恐远处不能尽知，使人同着秦吏，遍行到各县乡邑中，将这意思都一一晓谕。那时百姓每被秦家害得苦了，一旦闻这言语，如拔之于水火之中，莫不欢喜踊跃，争持牛羊酒食，犒享沛公的军士，只恐怕沛公不做秦王。

此可见，抚之则后汉之所以兴也，虐之则旧秦之所以亡也。有天下者，当以宽仁为贵矣。

【注】本则出自《史记·高祖本纪》。高祖：刘邦（前256—前195），字季，汉朝开国皇帝，汉民族和汉文化的伟大开拓者之一，在位八年（前202—前195）。族：灭族。偶语：聚在一起说话。弃市：在人众集聚的闹市，对犯人执行死刑，以示为大众所弃的刑罚。献享：奉献酒食等以示犒劳。

任用三杰

任用三杰 15 汉高帝

汉史

纪高帝置酒洛阳南宫，曰："通侯诸将试言吾所以有天下者何？项氏之所以失天下者何？"高起、王陵对曰："陛下使人攻城略地，因以与之，与天下同其利；项羽妒贤嫉能，战胜而不与人功，得地而不与人利，此其所以失天下也。"上曰："公知其一，未知其二。夫运筹帷幄之中，决胜千里之外，吾不如子房；镇国家，抚百姓，给馈饷不绝，吾不如萧何；连百万之众，战必胜，攻必取，吾不如韩信。三者皆人杰，吾能用之，此所以取天下也。项羽有一范增而不能用，此所以为我擒也。"群臣悦服。

解 西汉史上，记高帝既定天下，置酒宴群臣于洛阳之南宫，因问群臣说："尔通侯诸将等，试说我所以得天下者何故？项羽所以失天下者何故？"高起、王陵二人齐对说："陛下使人攻打城池，略取土地，既得了，就封那有功之人，与天下同其利，因此人人尽力战争，以图功赏，此陛下之所以得天下也；项羽则不然，妒贤嫉能，虽战胜而不录人之功，虽得地而不与人同利，因此人人怨之，不肯替他出力，此项羽之所以失天下也。"高帝说："公等但知其一，未知其二。夫运筹策、定计谋于帷幄之中，而决胜于千里之外，这事我不如张子房；镇守国家，抚安百姓，供给军饷，不至乏绝，这事我不如萧何；统百万之兵，以战则必胜，以攻则必取，这事我不如韩信。张子房、萧何、韩信三人，都是人中的豪杰，我能一一信用他，得此三人之助，此所

以取天下者也。项羽只有一个谋臣范增,而每事猜疑,不能信用,是无一人之助矣,此所以终被我擒获者也。"群臣闻高帝之说,无不欣悦敬服。

夫用人者恒有余,自用者恒不足。汉高祖之在当时,若论勇猛善战,地广兵强,不及项羽远甚,而终能胜之者,但以其能用人故耳。故智者为之谋,勇者尽其力,而天下归功焉。汉高祖自谓不如其臣,所以能驾驭一时之雄杰也。

【注】本则出自《史记·高祖本纪》。通侯:秦汉时代侯爵的最高一等,又称彻侯、列侯。给:供给。子房:张良(?—前189年),字子房,西汉开国功臣,封留侯,晚年随赤松子云游四海。萧何(前257—前193):西汉开国功臣、宰相。韩信(约前231—前196):西汉开国功臣、军事家,封淮阴侯,后被吕后诱杀。

過魯祀聖

过鲁祀圣 16 汉高帝

> 汉史纪高帝击淮南王黥布，还过鲁，以太牢祀孔子。

解 西汉史上，记汉高帝因淮南王黥布谋反，自领兵征之，擒了黥布，得胜回还，经过山东曲阜县，乃旧鲁国，是孔子所生的地方，有孔子的坟墓，高帝具太牢牲礼，亲拜祭之。

夫孔子没后，战国之君皆不知尊信其道，及秦始皇又焚烧其书。高帝以天子之尊，方用兵征伐之际，就知崇儒垂道，且用太牢，与社稷宗庙的祭礼一样。后世人君尊重孔子，实自高帝始。其好尚正大如此，宜其为一代创业之君也。

注 本则出自《汉书·高帝纪》。黥布：即英布（？—前196），与韩信、彭越并称汉初三大名将，后起兵反叛被杀。太牢：古代帝王、诸侯祭祀社稷时，牛、羊、豕三牲全备之称。

上篇　圣哲芳规

卻千里馬

17 却千里马 汉文帝

汉史纪文帝时,有献千里马者,帝曰:"鸾旗在前,属车在后;吉行五十里,师行三十里。朕乘千里马,独先安之?"下诏不受。

解 西汉史上,记文帝时,有人进一匹马,一日能行千里。文帝说道:"天子行幸,有鸾旗导引于前,有属车拥护于后;或巡狩而吉行,一日不过五十里而止;或征伐而师行,一日不过三十里而止。朕骑着这千里马,独自个先往何处去?"于是下诏拒而不受,还着那进马的人牵回去了。

夫千里马,是良马也。文帝以为非天子所宜用,尚且不受,况其他珠玉宝贝、珍禽奇兽、不切于人生日用者,又岂足以动其心乎?《书》曰:"不作无益害有益,功乃成;不贵异物贱用物,民乃足。"正文帝之谓也。

【注】本则出自《汉书·贾捐之传》。鸾旗:天子仪仗中的旗子,上绣鸾鸟,故称。属车:皇帝的侍从车子。吉行:巡视之类的出行。师行:军队征伐行军。

上篇　圣哲芳规

止辇受言

止辇受言 18 汉文帝

汉史纪文帝每朝，郎从官上书疏，未尝不止辇受言。言不可用者，置之；可用，采之。未尝不称善。

解 西汉史上，记文帝每出视朝，但有郎、从等官上书陈言者，虽正遇行路之时，亦必驻了辇，听受其言。纵使所言没有道理，不可用，但置之不行而已，亦不加谴责；如其言有益于生民，有补于治道，则必亟加采择，次第行之。又每每称道其所言之善，盖不但采取而已。

尝闻人君之德，莫贵于听言。自秦禁偶语，天下以言为讳矣，是以底于灭亡而不悟也。观文帝之虚怀听纳如此，虽大舜之明目达聪、成汤之从谏弗咈，亦何让焉！

【注】 本则故事出自《史记·袁盎晁错列传》。文帝：刘恒（前203—前157），西汉第五位皇帝（前180—前157在位），刘邦第四子，开启"文景之治"。郎：即郎官，属郎中令，有议郎、中郎、侍郎、郎中四等，主要职责是守卫门户，出充车骑，随时备帝王顾问差遣。从官：君王的随从、近臣。底：同"抵"。咈：同"拂"，违逆。

上篇　圣哲芳规

纳谏赐金

纳谏赐金 19 汉文帝

汉史

纪文帝从霸陵上，欲西驰下峻阪，中郎将袁盎骑并车，揽辔。上曰："将军怯耶？"盎曰："臣闻圣主不乘危，不侥幸。今陛下骋六飞驰下峻阪，有如马惊车败，陛下纵自轻，奈高庙、太后何？"上乃止。又从幸上林，奏却慎夫人坐。上说，赐盎金五十斤。

解 西汉史上，记文帝到霸陵上面，过西边，欲驰车下高峻的坡阪，有随驾的中郎将，姓袁名盎，骑着马傍车而行，急忙挽住了车辔，不肯驰骤。文帝说："将军莫非胆气怯耶？何乃惧怕如此？"袁盎说："臣闻明圣之主，不图侥幸而免，知此身所系甚重也。今陛下驾六马之车，驰骋而下峻阪，就是无事，亦乘危而幸免耳。倘或马惊车败，卒有不测之变，悔将何及？陛下纵然自轻其身，其如高祖之付托、太后之属望何？"帝听其言，停车不下。后袁盎又随文帝往上林，帝有个宠爱的慎夫人，与皇后同席而坐，袁盎以为非礼，奏使慎夫人退却。文帝喜其屡进忠言，赐他金五十斤。

夫人臣进谏，只要其君免于危险，无有过失，非图赏也。今文帝既听其言，又加重赏如此，盖深知其言之有益，且欲以劝他人之直言耳。从善之意，何其切哉！

【注】 本则出自《史记·袁盎晁错列传》。阪：斜坡。袁盎：汉初大臣。辔：马缰绳。六飞：六匹飞奔的马。有如：倘若。

上篇　圣哲芳规

不用利口

不用利口 20 汉文帝

汉史

纪文帝登虎圈，问上林尉诸禽兽簿，尉不能对。虎圈啬夫从旁代尉对，甚悉。帝诏张释之，拜啬夫为上林令。释之曰：「周勃、张相如称长者，两人言事曾不出口，岂效此啬夫喋喋利口捷给哉？今以啬夫口辩而超迁之，恐天下随风而靡，争为口辩而无实也。」帝曰：「善！」

解 西汉史上，记文帝一日游幸上林苑，登养虎的虎圈，因问上林苑管簿籍的官说："这苑中各样的禽兽，有多少数目？"这官人一时答应不来。有个管虎圈的啬夫，在旁边替那官人一一答应，甚是详悉。文帝喜他，遂诏侍臣张释之，说："这啬夫有才能，可就着他做上林苑令。"释之对说："如今朝中如周勃、张相如，这两个人是有德的长者，能任朝廷大事，然其言事皆说不出口。盖有德的人，自然器宇深沉，言语简当，岂学这啬夫喋喋然用快利乏口、便捷以辩给哉？今若因啬夫口辩，就超迁他，恐天下闻此风声而靡然仿效，都只学舌辩能言，不务诚实，则风俗薄而人心离矣。"文帝以张释之所言当理，遂止，不用啬夫。

观此一事，则用人者不当，但取其言；而文帝从谏之善，亦于此可见矣。宜其为汉朝一代之贤君也。

【注】本则出自《史记·张释之冯唐列传》。张释之：西汉法官。周勃：西汉开国元勋，名将周亚夫之父。张相如：汉初名将，西汉开国功臣。利口：口齿伶俐。啬夫：汉时小吏的一种。超迁：破格提拔。

露臺惜費

露台惜費 21 汉文帝

> 汉史纪文帝尝欲作露台，召匠计之，值百金。上曰："百金，中人十家之产也。吾奉先帝宫室，常恐羞之，何以台为？"

解 西汉史上，记文帝尝欲在骊山上造一露顶高台，使工匠计算所费几何，工匠计算说："该用百金。"文帝说："百金之资产，若以民间中等的人家计之，可够十户人家的产业。今筑了一个台，就破费了十家的产业，岂不可惜！且我承继着先帝的宫室，不为不广，常恐自己无德，玷辱了先帝，又岂可糜费民财，而为此无益之工作乎？"于是停止露台之工，复不兴造。

夫文帝富有四海，况当承平无事之时，财用有余，然百金之微，犹且爱惜，不肯轻费如此。虽尧、舜之土阶，大禹之卑宫，何以过之哉！大抵人主爱民之心重，则自奉之念轻。夫以一台之工，遂至费百姓十家之产，若如秦皇之阿房、骊山，宋徽之龙江、艮岳，其所费又不知其几千万家矣。穷万民之财，以供一己之欲，一旦民穷盗起，社稷丘墟，虽有台池鸟兽，岂能独乐哉？后世人主，诚当以汉文帝为法，毋以小小营建为费少，而遂恣意为之也。

【注】 本则出自《史记·孝文本纪》。羞：辱没。阿房：指被誉为"天下第一宫"的阿房宫，据传烧毁于项羽之手。骊山：指位于陕西临潼城东骊山的秦始皇陵，耗费巨大的人力物力，历时三十九年才建成。龙江、艮岳：指宋徽宗时期，蔡京大搞花石纲，耗费巨大成本所建造的园林建筑。

上篇　圣哲芳规　043

遣佞谢相

遣佞谢相 22 汉文帝

> 汉史纪文帝以申徒嘉为丞相，时邓通爱幸无比。嘉尝入朝，通居上旁，怠慢。嘉曰："陛下爱幸群臣，即富贵之，至于朝廷之礼，不可不肃。"罢朝，嘉坐府中，为檄召通，不来，且斩通。通恐，入言上。上曰："汝第往。"通诣丞相，免冠，徒跣，顿首谢。嘉责曰："通小臣戏殿上，大不敬，当斩。"语令吏斩之。通顿首出血，不解。上使使持节召通而谢丞相，嘉乃解。通还见上，流涕曰："丞相几杀臣。"

解 西汉史上，记文帝以申徒嘉为丞相，嘉为人正直，文帝甚重之。此时有个郎官叫做邓通，得幸于文帝，宠爱无比。嘉尝入朝，见邓通在文帝旁边，狎恃恩宠，有怠慢之状，嘉即奏说："陛下爱幸群臣，只好赏赐他财物，使之富贵足矣。至于朝廷上的礼仪，则不可不严肃。"及罢朝，回坐于丞相府中，写文书去提邓通，说道："他若抗拒不来，便当处斩。"邓通恐惧，求救于文帝。文帝知丞相所执者是朝廷之礼，邓通委的有罪，就着他去见丞相。通到了府中，取了冠，跣足，顿首谢罪。申徒嘉责他说："朝廷乃礼法所在，你一个小臣敢狎戏于殿上，犯了大不敬，论罪当斩。"因使吏拿出斩之。通叩头谢罪，至于出血，嘉怒犹不解。文帝料邓通已在丞相处陪话知罪了，乃使人持节召通，而致谢丞相，申徒嘉乃遣之。邓通回去，到文帝面前流涕说道："丞相几乎杀了臣。"

夫文帝宠幸邓通，致敢于怠慢，其始固不能无过。然申徒嘉正言直论，而帝略不偏护，即遣令就罪，使大臣得申其法，而嬖幸不敢狎恩。非圣君而能若是哉？

张居正帝鉴图说

【注】本则出自《汉书·申屠嘉传》。申屠嘉（？—前155）：汉朝开国功臣，西汉宰相。邓通：汉文帝男宠，制"邓通钱"，富甲天下。檄：古代官方使用的较长的竹木简，用于书写重要的文书。第：但。跣（xiǎn）：光着脚，不穿鞋袜。

屈尊劳将

屈尊劳将 23 汉文帝

汉史

纪文帝时，匈奴大入边，使刘礼屯霸上，徐厉屯棘门，周亚夫屯细柳，以备胡。上自劳军细柳，先驱至，不得入。曰：『天子且至。』军门都尉曰：『军中闻将军令，不闻天子诏。』上乃使使节诏将军曰：『吾欲入营劳军。』亚夫乃传言开壁门。壁门军士曰：『将军约，军中不得驱驰。』于是天子乃按辔徐行。至中营，亚夫持兵揖曰：『介胄之士不拜，请以军礼见。』上改容式车，使人称谢，成礼而去。曰：『嗟乎！此真将军矣！向者霸上、棘门如儿戏耳，其将固可袭而虏也。至于亚夫，可得而犯邪！』

解 西汉史上，记文帝时，北匈奴入边为寇。帝拜刘礼、徐厉、周亚夫三人俱为将军，各领兵出京，分布防守。刘礼屯霸上，徐厉屯于棘门，亚夫屯于细柳。文帝亲自到各营抚劳将士。初到霸上、棘门二营，车驾径入，没些阻挡。末后往细柳营，导驾的前队已到营门，被军士阻住不得入，与他说：“圣驾就到，可速开营门。”那军门都尉对说：“我军中只知有将军的号令，不知有天子的诏旨。”少间，文帝的驾到了，还不开门。文帝乃使人持节召亚夫说：“朕要进营劳军。"亚夫才传令开营门接驾。临进门时，守门军士又奏说：“将军有令，军中不许驰驱车马。”文帝乃按住车辔，徐徐而行。到中军营，亚夫出迎，手执着兵器，只鞠躬作揖，说道：“甲胄在身，不敢跪拜，臣请以军礼相见。”文帝听说，悚然改容，俯身式车，使人传旨致谢亚夫，说：“皇帝敬劳将军。”成礼乃去。文帝出营门，叹美亚夫说道：“这才是真正的将军！恰才见霸上、棘门二营，那样疏略，如儿戏一般。万一有乘虚劫营之事，其将固可掩袭而掳

【注】本则出自《汉书·周亚夫传》。壁门：军营的门。式：同"轼"，车前横木。毂：车轮的中心部分，代指车子。钺：兵器，似斧而较大，常用于仪仗中，被当作权力象征。阃：城郭的门槛。

也。至如亚夫这等纪律,可得而轻犯邪!"

尝考古者人君命将,亲推其毂,授之以钺,曰:"阃以外,将军主之,不从中制也。"盖将权不重,则军令不严,士不用命,故穰苴戮齐王之嬖臣,孙武斩吴王之宠姬,而后能使其众,以成大功。观周亚夫之纪律严明,诚为一时名将,然非文帝之圣明,重其权而优其礼,则亚夫将求免罪过之不暇,况望其能折冲而御侮哉!后世人君御将,宜以文帝为法。

蒲輪征賢

蒲轮征贤 24 汉武帝

汉史

纪武帝雅向儒术,以赵绾为御史大夫、王臧为郎中令。二人荐其师申公。上使使者奉安车蒲轮、束帛加璧以迎之。既至,以为太中大夫,舍鲁邸。上问以治道,对曰:"为政不在多言,顾力行何如耳。"

解 西汉史上,记武帝素喜好儒者的学术,因举用当时名儒,以赵绾为御史大夫、王臧为郎中令。赵绾、王臧又荐举他老师申公,说他的学问更高。武帝闻说,即遣使去征聘他。又闻申公年老,恐其途中受劳,因驾一辆安车去迎接申公;又用蒲草裹了车轮,使其行路软活,坐的自在;又用币帛一束,加上玉璧,以为聘礼。申公感武帝这等尽礼,遂随聘到京。武帝授以太中大夫之职,安置在鲁王府里居住。问他治天下的道理何如?申公对说:"为治也不在多言,只是着实行将去便好。"

盖议论多,则心智惑。与其托之空言,不若见诸行事之为有益也。夫天下之治乱,系贤人之去留,是以古之明君,以屈己下贤为盛事,而亲枉万乘,以尽礼于衡门、韦布之贱者,往往有之。汉兴以来,虽不逮古,而武帝此举,犹庶几古人之意。至于申公力行一言,则又治天下之要道也。

【注】本则出自《史记·儒林列传》。武帝:刘彻(前156—前87),西汉第七位皇帝(前141—前87在位)。雅:素来。束帛:捆为一束的五匹帛,古代用为聘问、馈赠的礼物。衡门:横木为门,指简陋的居处。韦布:韦带布衣,指代寒素之士。庶几:相近。

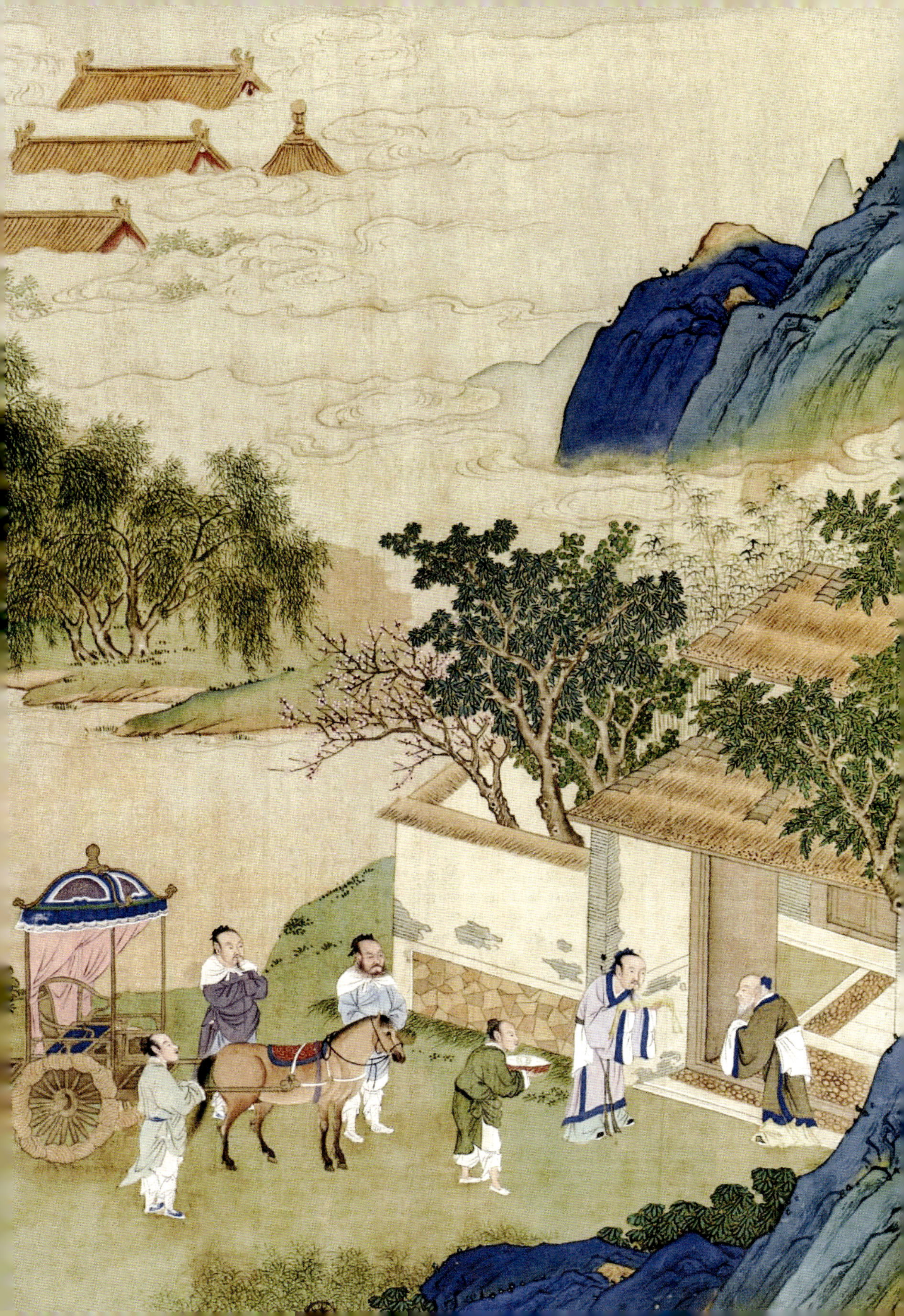

明辨诈书

明辨诈书 25 汉昭帝

汉史

纪昭帝时，盖长公主、左将军上官桀及其子安及桑弘羊等，诈令人为燕王旦上书，言大将军霍光擅调幕府下校尉，专权自恣。书奏帝，留中。明旦光闻之，不入。有诏召大将军，光入，免冠顿首。上曰："将军冠，朕知是书诈也。将军调校尉未十日，燕王何以知之？"是时，帝年十四。尚书左右皆惊，而上书者果亡。后桀党有谮光者，上怒曰："大将军忠臣，先帝所属以辅朕身，敢有毁者，坐之！"桀等乃不敢复言。

解 西汉史上，记昭帝年幼登极，大将军霍光受遗诏辅政。那时盖长公主、左将军上官桀与其子上官安及桑弘羊等，各以私恨霍光；而燕王旦以帝兄不得立为天子，亦怀怨恨。于是，上官桀等欺昭帝年小，设谋要排陷霍光，教人假充做燕王的人，上本劾奏霍光，说他擅自更调幕府校尉，加添人数，专权自恣，图为不轨。昭帝览奏，留中不下。霍光闻之，待罪于外，不敢入朝。帝使人召光入，光见帝，取了冠帽，叩头谢罪。昭帝说："将军戴起冠，朕知这本是假的，将军调校尉还未满十日，燕王离京数千里，他怎么便就得知？可见是诈。"那时，昭帝年才十四岁。左右之人，见帝这等明察，莫不相顾惊骇。那上书的人，果然涉虚逃走。以后上官桀的党类，又有谮毁霍光者，昭帝即发怒说："大将军是个忠臣，先帝因朕年幼，托他辅朕，再有言者，即坐以重罪！"自是桀等惧怕，不敢复言。而霍光辅相昭帝，竟为贤主。

若使上官桀等之谗得行，则霍光之祸固不待言，而汉家宗社亦危矣！於戏！托孤寄命，岂易事哉？

【注】 本则出自《汉书·昭帝纪》。 昭帝：刘弗陵（前94—前74），汉武帝刘彻少子，西汉第八位皇帝（前87—前74在位）。 霍光（？—前68）：西汉中叶权臣、政治家，麒麟阁十一功臣之首，大司马霍去病异母弟。 留中：皇帝将臣子上的奏章留置宫禁之中，不交办。 谮：诬陷，中伤。 坐：定罪。 於戏：音 wūhū，同"呜呼"。

褒奖守令

褒奖守令 26 汉宣帝

> 汉史纪宣帝时，极重守、令。尝以为太守吏民之本，数变易则下不安；民知其将久，不可欺罔，乃服从其教化。故二千石有治理效，辄以玺书勉励，增秩赐金，或爵至关内侯。公卿缺，则选诸所表，以次用之。是故汉世良吏于是为盛，称中兴焉。

解 西汉史上，记宣帝选用官员，极重那知府、知县两样官，尝说道："各府太守，最是亲民之官，第一要紧。若是到任不久，就转迁去，百姓便不得蒙其恩惠，且迎新送旧，徒见劳扰。必须做得年久，然后民情土俗、百姓甘苦，他都知道，施些恩惠，行些政事，也都晓得头脑。那百姓也欺哄不得，自然顺从他的教化。"所以宣帝时做守相，食二千石俸的，都要久任。若是历任未久，就有功劳，也只降敕书奖励，或就彼加升官级，或赏赐金帛，或赐以关内侯的爵级，仍照旧管事。到做的年岁深了，遇三公九卿有缺，即把向前旌表的好太守不次擢用，如黄霸以颍川太守入为太子傅，赵广汉以颍川太守入为京兆尹。宣帝之留心守、令如此，所以那时做官的，人人勤勉，好官甚多，而天下太平，中兴之美，后世鲜及焉。

夫官惟久任，则上下相安，既便于民；日久超擢，则官不淹滞，亦便于官。此用人保民之善法也。后来科目太繁，额数日增；升转之期，计日可俟；席不暇暖，辄已他迁。视其官如传舍，视百姓如路人而已，其何以治天下哉？

【注】本则出自《汉书·宣帝纪》及《循吏传》。宣帝：刘询（前91—前48），原名刘病已，西汉王朝第十位皇帝（前74—前48在位）。数（shuò）：屡次。秩：古代官吏的俸禄或官职级别，此处指官职级别。淹滞：有才德而久沦下位。

詔儒講經

詔儒講經 27 漢宣帝

汉史纪宣帝时，诏诸儒讲五经同异，萧望之等平奏其议，上亲称制临决焉。乃立梁丘《易》、大小夏侯《尚书》、谷梁《春秋》博士。

解 西汉史上，记宣帝好文，见得五经所言，都是修身治天下的大道理。自经秦人烧毁一番，到今表彰之后，虽已渐次寻出，但诸儒传授互有异同，不得归一；而诸家传注，亦且各以为是，无一定之说。因此，诏诸儒臣讲究五经异同，如经文有不同的，便要见谁是真传、谁是错误；传注有不同的，便要见某人说的与经旨相合、某人说的与经旨相悖。又命萧望之等评论他每讲究的谁是谁非，奏闻于上，上亲称制临视，而裁决其可否。这五经中，定以先儒梁丘贺传授的《易经》，夏侯胜、夏侯建传授的《尚书》，谷梁淑传授的《春秋》，为真当。于是将这三经各立博士之官，着他教习弟子，以广其传。其《诗》《礼》二经，盖先已有定论，故不述也。

自宣帝以来，五经如日中天，传之万世，为治天下者准则，其功亦大矣。

【注】 本则出自《汉书·宣帝纪》。 五经：指《诗经》、《书经》(《尚书》)、《礼经》(汉代以《仪礼》为主，唐代以《礼记》取代)、《易经》、《春秋》五部经典著作。 梁丘贺：西汉时今文《易》学"梁丘学"开创者。 称制：行使皇帝权力。 夏侯胜、夏侯建：分别为西汉朝今文尚书学"大夏侯学""小夏侯学"的开创者。 谷梁淑：又作谷梁赤、谷梁俶，战国经学家，治《春秋》，传有《春秋谷梁传》。

上篇　圣哲芳规

葺槛旌直

葺槛旌直 28 汉成帝

解 西汉史上，记成帝时，外戚王氏专权乱政。安昌侯张禹，原授成帝经，成帝以师礼待之。禹为人有经学，但其性柔佞，又年老，要保全名位，因见王氏威权盛，遂党护之，其误国不忠之罪大矣。那时有原任槐里县令朱云，为人刚直，恶张禹如此，乃上书求见天子言事。公卿都侍立在前，朱云上前直说："愿赐尚方斩马剑与臣，斩一个佞臣的头，以儆其余。"成帝问："佞臣是谁？"朱云对说："是安昌侯张禹。"成帝大怒说："小臣敢当大廷中辱我师傅，其罪该死，不可赦宥。"御史遂拿朱云下殿去，朱云攀扯殿前栏干，死不肯放。御史拿急，遂将栏干扯断了。朱云乃大呼说："昔桀杀关龙逢、纣杀王子比干，臣今以直谏被戮，得从二臣游于地下，为忠义之鬼，其愿足矣。但惜圣朝为奸佞所误，不知后来变故何如耳？"朝班中有左将军辛庆忌，取去冠帽叩头说："此臣素称狂直，宜赐优容。"于是成帝怒解，朱云才得免死。到后来修理栏干，成帝说："此栏干不必改换新的，只把这折处葺补，留个遗迹，使人知道是朱云所折，以旌表直言之臣。"

夫国家不幸有奸佞弄权，邪佞小人又从而阿附之，相与壅蔽人主之聪明，所赖忠义之士，发愤直言，以阴折其气而消其党，苟加之罪，则天下莫敢忤权奸，而人主益孤立于上矣。成帝既悟朱云之直，遂宥其死，且留槛以旌之，盖亦有见于此，可谓有人君之度者，故史臣纪而称之。

汉史 纪成帝时，张禹党护王氏。故槐里令朱云上书求见。公卿在前，云曰："臣愿赐尚方斩马剑，断佞臣一人头，以励其余。"上问："谁也？"对曰："安昌侯张禹。"上大怒曰："小臣敢当大廷辱师傅，罪死不赦。"御史将云下，云攀殿槛，槛断。云呼曰："臣得从龙逢、比干游于地下足矣！未知圣朝何如耳？"左将军辛庆忌免冠叩头力救，上意解，得已。及后当治槛，上曰："勿易，因而葺之，以旌直臣。"

【注】本则出自《汉书·朱云传》。成帝：刘骜（前51—前7），西汉第十二位皇帝（前33年—前7在位）。党护：袒护。尚方斩马剑：即尚方宝剑，指中国古代皇帝收藏在"尚方"的剑，汉代称"尚方斩马剑"（非常锋利，可以断马），明代称"尚方剑"，即皇帝御用的宝剑。持有尚方宝剑的大臣，有先斩后奏等代表皇权的权力。

賓禮故人

宾礼故人 29 汉光武

汉史

纪光武少与严光同学，及即位，思其贤，令以物色访之。有一男子披羊裘，钓齐泽中，帝疑其光，乃备安车玄纁，遣使聘之，三反而后至。车驾即日幸其馆，光卧不起，帝抚光腹曰："咄咄子陵，不可相助为理耶？"光张目熟视曰："昔唐尧著德，巢父洗耳，士故有志，何至相迫乎？"帝叹息而去。复引光入，论旧故，相对累日。因共偃卧，光以足加帝腹，明日太史奏，客星犯帝座甚急，帝笑曰："朕与故人严子陵共卧尔。"

解 东汉史上，记光武少时曾与处士严光同学读书，到后来光武即帝位，严光逃匿不肯见，光武思念他贤，使人按他的模样去各处访求。闻说有一男子披着羊裘钓鱼于齐国之泽中，光武知是严光，乃备安车及玄纁币帛遣使者聘请之，三次往返，然后肯来。到京师，光武车驾即日亲到他下处看他，严光睡着不起。光武直到他床前，以手抚摩其腹，称他的字说："咄咄子陵，不可扶助我为治耶？"严光张目看着光武说道："古时唐尧为天子，著德于天下，隐士巢父独临水洗耳，不闻世事，尧也相容，不逼他做官，士人各有志愿，我既不愿出仕，何苦相逼迫乎？"光武知其不可屈，叹息而去。又复引严光入禁中，与他论说往年故旧之情，相对累日，因与他共睡。严光不觉以足加在光武腹上，其忘分如此。明日灵台官奏说，昨夜有一客星犯帝座星甚急，光武笑说："这非干变异，乃朕与故人严子陵共睡耳。"

光武既帝天下，则严光乃草野中之一民耳，光武只为他是贤士，又是故人，遂加三聘之礼，亲屈万乘之尊，任其张目疾言而不以为傲，容其加足于腹而不以为侮，殷勤款曲，不复知有崇卑之分，此其盛德含容为何如哉！所以先儒说光武之量，包乎天地之外，非过美矣。后来东汉二百年，人心风俗，皆以节义相高，是光武之尊贤下士，有以感发而兴起之也。

【注】本则出自《后汉书·逸民列传》。 光武：刘秀（前5—57），东汉王朝建立者（25—57在位），汉高祖刘邦九世孙。 物色：按一定标准去访求。 玄纁：玄衣纁裳，为汉代天子标配，此处代指帝王之礼。 熟视：注目细看。 巢父：帝尧时的隐士，传说尧以天下让，不肯受。

拒關賜布

拒关赐布 30 汉光武

汉史

纪光武尝出猎，车驾夜还，上东门侯郅恽，拒关不开。上令从者见面于门间，恽曰："火明辽远。"遂不受诏。上乃回，从东中门入。明日，恽上书谏曰："陛下远猎山林，夜以继昼，如社稷宗庙何？"书奏，赐恽布百匹，贬东中门侯为参封尉。

解 东汉史上，记光武皇帝一日曾出去打猎，偶至夜深方回。那时城门已闭，光武至上东门，有个守门官姓郅名恽，闭门不开，不放车驾入。光武道他不认得，着左右随从的人，见面于门间，使他识认。郅恽对说："这等夜深，火光辽远，怎么辨得真伪？"终不开门。光武不得已，转从东中门进入回宫。至次日早，郅恽又上书谏说："陛下以万乘之尊，远猎山林，昼日不足，以夜继之，陛下纵自轻，其如社稷宗庙付托之重何，臣诚未见其可也。"书奏，光武深嘉其言，赐布百匹，反将中东门的门官降为参封县尉，以其启闭不严，故贬之。

盖皇城门禁最宜严谨，深夜启闭，疑有非常。况天子以万乘之尊，出入尤当戒备，故郅恽之闭关不纳。他岂不认的是光武，盖欲因此以示儆耳。光武是创业之主，素谨周身之防，故于郅恽，不惟不罪，且加赏焉。若如后世寻常之见，则中东门侯必以顺意蒙赏，而郅恽必以忤旨见罪矣。

【注】 本则出自《后汉书·郅恽传》。社稷：古代天子和诸侯祭祀土神与谷神的地方，代指国家。宗庙：古代天子和诸侯祭祀祖先的地方，代指政权。

上篇　圣哲芳规

夜分講經

夜分講經 31 漢光武

汉史纪光武数引公卿郎将，讲论经理，夜分乃寐。皇太子见帝勤劳不怠，乘间谏曰："陛下有禹汤之明，而失黄老养性之福，愿颐养精神，优游自宁。"帝曰："我自乐此，不为疲也。"

解 东汉史上，记光武皇帝退朝之后，常常引公卿及郎将之有经学者，与之讲论经书中的义理，至于夜半，方去歇息。皇太子见帝讲论劳苦，恐过用了精神，乘空进谏说："陛下励精图治，固有大禹、成汤之明，而形神过劳，昧于黄帝老子养性之福，愿颐养爱恤此身之精神，使常优游自宁，不可过于劳役。"光武说："经书中义趣深长，我只见得这件事可乐，故常与群臣讲论，不为疲倦也。"

盖治天下之道，具于经书；而天下之可乐，莫如务学。光武虽以征伐中兴，然非讲明治道，则虽有天下，未易守也。惟光武有见于此，而急于讲求，故能身致太平，而遗东汉二百年之业，其得于经理之助多矣。

【注】 本则出自《后汉书·光武帝纪》。夜分：夜半。

上篇　圣哲芳规

赏强项令

赏强项令 32 汉光武

汉史

纪光武时董宣为雒阳令，湖阳公主苍头杀人，匿主家。及主出，以奴骖乘，宣驻车叩马，以刀划地，大言数主之失，叱奴下车，格杀之。主还诉帝，帝大怒召宣，欲棰之，宣叩头曰："陛下圣德中兴，而纵奴杀人，将何以治天下乎？臣不须棰，请自杀。"即以头击楹，帝令人持之，使宣叩头谢主，宣不从，强使顿之，宣两手据地，终不肯俯。帝敕强项令出，赐钱三十万。京师莫不震栗。

解

东汉史上，记光武时，有姓董名宣者，做在京雒阳县令，帝姊湖阳公主，有家人白日杀人，藏躲在公主家里，官府拿他不得。一日公主出行，此奴在公主车上，董宣于路拦着公主的车，叩着马不放过去，以刀划地，大言数说公主的过失，喝奴下车，亲手击杀之。公主即时还宫，告诉光武，光武大怒，拿得董宣来要打杀他，宣叩头说："陛下圣德中兴，当以法度治天下，若纵奴杀人，不使偿命，是无法度也。家奴犯法，尚不能治，将何以治天下乎？臣不须棰杖，请自杀便了。"即以头撞柱。光武见他说得有理，令人持定他，不要他撞柱，只着他与公主叩头谢罪，就饶他，宣不肯从。光武强使人将头按下，宣只两手撑定，强直了项，终不肯叩头。光武见他耿直，反因此喜他，传旨着这强项令且出，又赐钱三十万以奖励之。于是京师内外，莫不震栗，无敢倚恃豪强，以犯法者。

《书》曰："世禄之家，鲜克由礼。"岂其性与人殊哉！良以习见富势之为尊，不知国法之可畏。而奴仆庄佃之人，倚强使势，生事害人，亦有其主不及知者。若不因事裁抑，示以至公，使之知儆，至于骄盈纵肆，身陷刑宪，则朝廷虽欲从宽，亦不可得矣。光武之嘉赏董宣，意盖以此。故终光武明章之世，贵戚妃主之家，皆知守礼奉法，保其禄位，岂非以贻谋之善哉！

【注】本则出自《后汉书·董宣列传》。雒阳：即洛阳。 湖阳公主：光武帝的大姐，姓刘，名黄。 箠：用杖击打。 苍头：奴仆，汉代仆隶以深青色布包头，故称。 骖乘：陪乘在车右的人。

临雍拜老

临雍拜老 33 汉明帝

汉史纪明帝幸辟雍,初行养老礼,以李躬为三老,桓荣为五更。礼毕,引桓荣及弟子升堂,上自为辩说,诸儒执经问难于前。冠带搢绅之人,圜桥门而观听者,盖亿万计。

【解】东汉史上,记明帝初登极时,幸辟雍,行古养老之礼。辟雍,即是今之国子监。古来养老,有三老五更的名色。三老,是年高有德的;五更,是更历世事的。明帝举行古礼,以其贤臣李躬为三老,以其师傅桓荣为五更。行礼既毕,乃引桓荣等,及辟雍中的生徒弟子,进入堂上,亲与他讲解经义。诸弟子亦手执经书,向帝坐前,问所疑难。其时冠带搢绅之人,罗列在辟雍桥门外,观礼听讲者,有亿万多人。其崇尚教化,而感动人心如此。

【注】本则出自《后汉书·显宗孝明帝纪》。明帝:刘庄(28—75),本名刘阳,东汉王朝第二位皇帝(57—75在位),光武帝刘秀第四子。辟雍:周代为贵族子弟设立的大学,此处指汉代的太学。三老:古代掌教化的乡官。五更:古代乡官名,用以安置年老致仕的官员。

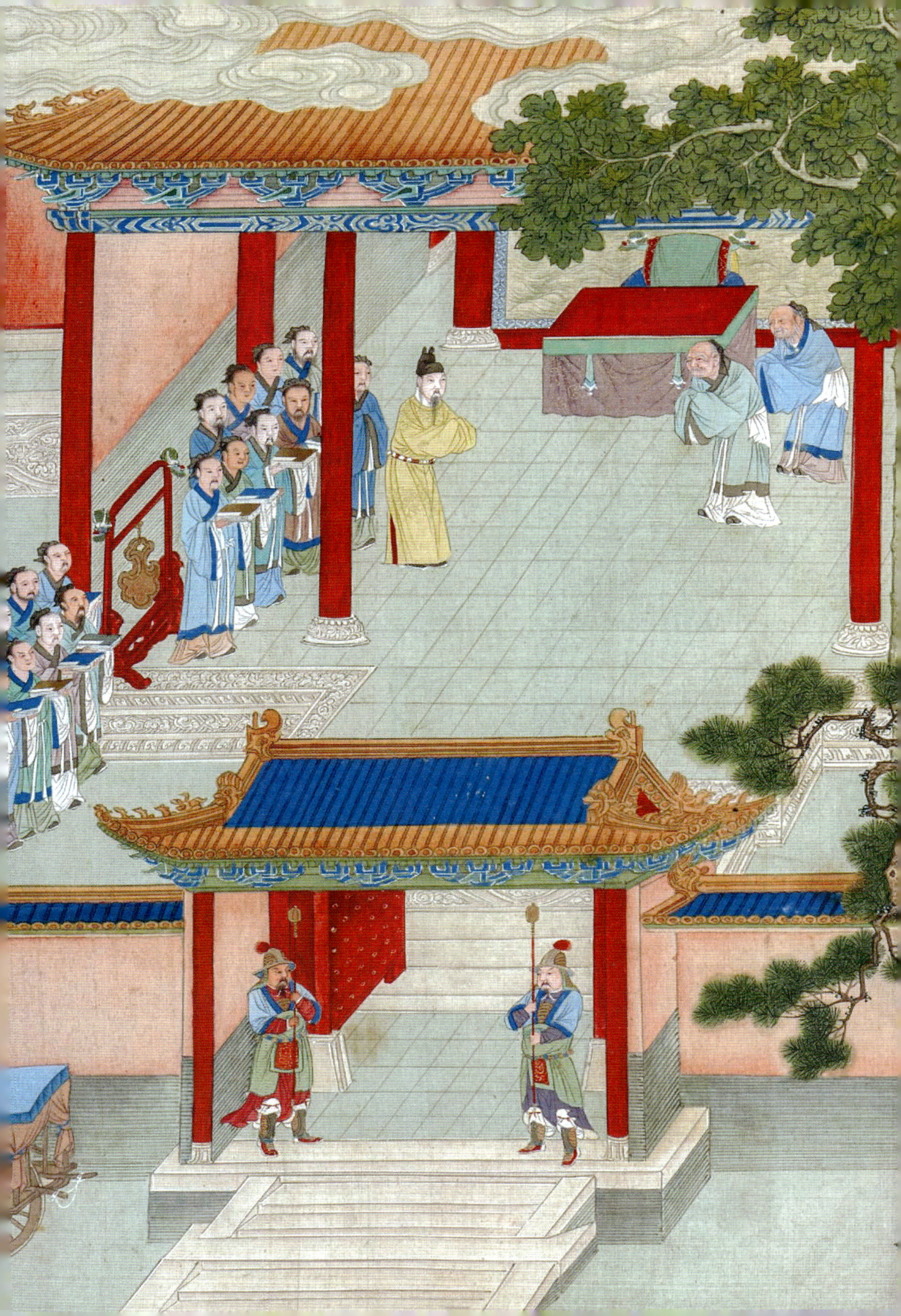

爱惜郎官

爱惜郎官 34 汉明帝

汉史纪明帝时,馆陶公主为子求郎。帝不许,而赐钱千万,谓群臣曰:"郎官上应列宿,出宰百里。苟非其人,民受其殃,是以难之。"

解 东汉史上,记明帝的姊馆陶公主,在明帝上乞恩,要将他的儿子除授郎官,明帝不许,以公主的分上,不好直拒,乃赏赐他铜钱一千万,以见厚他的意思。公主退后,明帝向群臣说:"天上有个郎位星,可见这郎官之职,上应列宿,出去为宰,管着百里地方,责任匪轻,岂是容易做的!必得其人,方可授之!若错用了一个不才的人,叫那百姓每都受他的害,岂我为民父母之意哉!今公主之子,贤否未知,我所以不肯容易许之也。"

夫朝廷设官分职,本以为民,不是可以做人情滥与人的。明帝于馆陶公主之子,宁可以千万钱赐之以益其富,不肯轻授一职以遗害于民,诚得圣王重官爵,惜名器之意,史称当时"吏称其官,民安其业",有由然哉!

【注】 本则出自《后汉书·显宗孝明帝纪》。馆陶公主:东江光武帝刘秀第三女,名刘红夫。宰:古代官吏的统称,治理一方者,如县宰、邑宰、太宰。除:任命官职。

上篇　圣哲芳规

君臣鱼水

君臣鱼水 35 汉昭烈帝

三国史

纪诸葛亮隐于襄阳隆中,有王霸大略,刘先主闻其名,亲驾顾之,凡三往,乃得见。亮因说先主以拒曹操、取荆州、据巴蜀之策。先主深纳其言,情好日密,关羽、张飞不悦,先主解之曰:"孤之有孔明,犹鱼之有水也,愿诸君勿复言。"

解 三国史上,记诸葛亮初隐居于襄阳之隆中地方,有兴王定霸的才略,不肯出仕,人称他为卧龙。蜀先主刘备闻其名,乃亲自枉驾去见他,凡去三次,才得相见。亮以道自重,本不求仕进,见先王屈尊重道、诚意恳切如此,心怀感激,遂委质为臣。因说先主以拒曹操、取荆州、据巴蜀的计策,先主以这计策甚善,深纳其言,与他相处,情好日益亲密。当时先主有两个结义的兄弟,叫做关羽、张飞,见先主一旦与亮这等亲密,心中不喜。先主劝解说:"孤之有孔明(孔明是亮的字),如鱼之有水一般。鱼非水,无以遂其生;我非孔明,无以成帝业。诸君既与我同心要兴复汉室,不可不亲厚此人也,愿诸君勿再以为言。"

夫先主信任孔明,虽平日极相厚如关、张,亦离间他不得如此,故孔明得展其才,结吴、拒魏、取蜀,当汉祚衰微之时,成三分鼎立之势,其后又于白帝托孤辅佐后主。观其前后《出师》二表,千古之下,读之使人垂涕。盖其心,诚感激先主之恩遇,故鞠躬尽瘁而不辞也。后世称君臣之间相亲相信者,必以鱼水为比,盖本诸此云。

【注】本则出自《三国志·蜀书·诸葛亮传》。刘先主：刘备（161—223），即汉昭烈帝（221—223在位），西汉中山靖王刘胜之后，三国时期蜀汉开国皇帝。孔明：诸葛亮，字孔明，蜀汉丞相。祚：国运气数。白帝托孤：刘备病危于白帝城，召丞相诸葛亮等托孤，辅佐其子刘禅。

焚裘示俭

焚裘示俭 36 晋武帝

晋史纪武帝时，太医司马程据献雉头裘，命焚之于殿前，诏中外，自今毋献奇技异服。

解 晋史上，记武帝初即位时，有太医司马程据者，以雉头羽毛，织成裘袄来献。帝见其过于华丽，恐长奢靡之风，命人以火焚之于殿前，以示己之不贵异物，不尚服饰也。又诏中外，自今以后，再不许将奇异技巧之物，及华美异样的衣服来献。

盖人主之好尚，乃天下观法所系，不可不慎也。晋武禅位之初，承魏氏，奢侈之后，欲矫以节俭，故不焚于他所，而焚于殿前，要令众庶共见之耳。然其意不出于至诚，故未久即变，孽后乱政，五王僭侈，而晋室南迁矣。孟子说："恭俭岂可以声音笑貌为哉！"正此之谓也。

【注】 本则出自《晋书·武帝纪》。武帝：司马炎（236—290），晋朝开国皇帝（265—290在位）。雉：野鸡。僭侈：奢侈过度。

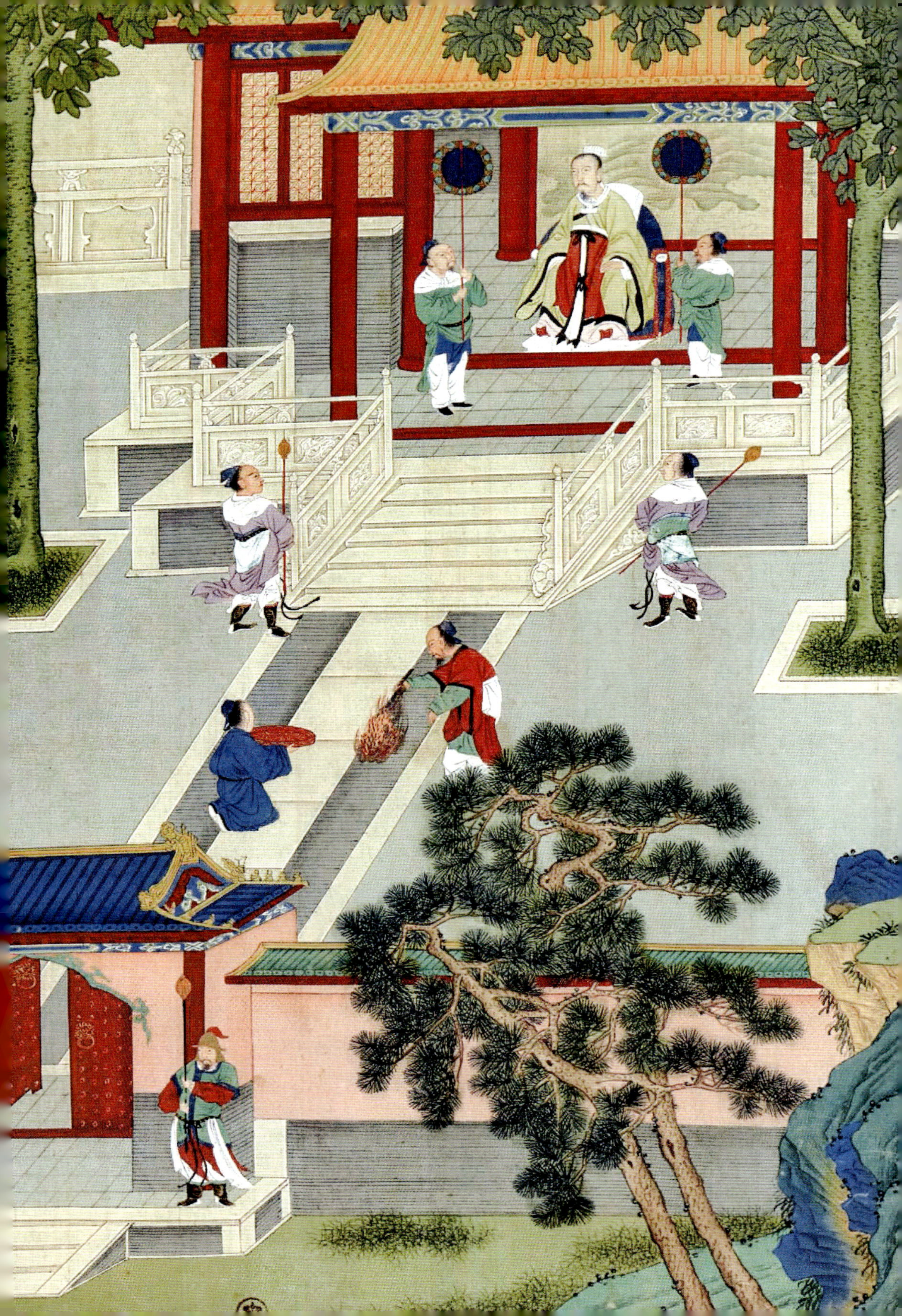

留衲戒奢

留衲戒奢 37 宋高祖

> 宋史纪高祖微时，尝自于新洲伐荻，有衲布衫袄，臧皇后手所作也。既贵，以付其长女会稽公主曰："后世有骄奢不节者，可以此衣示之。"

解 六朝宋史上，记高祖刘裕起初微贱时，其家甚贫，常亲自在新洲上砍斫芦荻，那时穿一件碎补的衲袄，乃其妻皇后臧氏亲手缝成的。及高祖登了帝位，思想平生受了许多艰苦，创下基业，恐子孙不知，不能保守，乃将这衲袄付与他的长女会稽公主收藏，嘱咐他说："后来我的子孙，若有骄恣奢侈，不知节俭的，你可把这衣与他看，使他知我平素曾穿这等衣服，不得过求华美也。"

　　大抵创业之君，亲历艰苦，知民间衣食之难，爱惜撙节，人又瞒他不得，是以取于民者有制，而用常有余。后来子孙，生长富贵，若非聪明特达者，易流于奢靡，轻用财帛；而人又欺瞒得他，冒破侵克，取于民者日多，而用反不足，至于横征暴敛，民穷盗起，危其国家。此宋高祖示戒之意也。继体之君，若能取法祖宗，自服御之近，以至一应费用，必考求创业时旧规。要见当初每年进出几多，后来每年进出几多。在前为，何有余；后来为，何不足？把那日渐加增之费，一一革去，则财用自然充积，赋敛可以简省。民皆安生乐业，爱戴其上，而太平可长保矣。

【注】 本则出自《宋书·徐湛之传》。高祖：刘裕（363—422），南朝刘宋开国皇帝（420—422在位）。荻：芦苇。衲：补缀。臧皇后：宋武帝刘裕结发妻子臧爱亲。

上篇　圣哲芳规

弘文开馆

弘文开馆 38 唐太宗

唐史

纪太宗于弘文殿聚四部书，二十余万卷，置弘文馆于殿侧，精选天下文学之士虞世南、褚亮、姚思廉、欧阳询、蔡允恭、萧德言等，以本官兼学士，令更日宿直，听朝之隙，引入内殿，讲论前言往行，商确政事，或至夜分乃罢。

解 唐史上，记太宗于弘文殿内，聚经、史、子、集书四部，有二十余万卷，又于殿旁开设一馆，就叫做弘文馆，精选天下文学之士虞世南、褚亮、姚思廉、欧阳询、蔡允恭、萧德言等，各以原官兼弘文馆学士，处之馆中，还教他轮番宿直。每朝罢，便引世南等到内殿，与他讲论那书中的言语、古人的行事，或商量那时的政事该何如处，常至夜半才罢。

夫太宗以武定天下而好文如此，盖戡乱用武，致治以文，太宗有见于此，故能身致太平，而为一代之英主也。

注 本则出自《旧唐书·儒林传》。 太宗：李世民（598—649），唐朝第二位皇帝（626—649 在位），开创"贞观之治"。 虞世南：唐朝凌烟阁二十四功臣之一，初唐四大书法家之一。 褚亮：唐初十八学士之一，其子褚遂良为初唐四大书法家之一。 姚思廉：唐初十八学士之一，《梁书》《陈书》的编撰者。 欧阳询：初唐四大书法家之一，欧体的始创者。 更日宿直：按日轮流值班。

上篇　圣哲芳规

上書黏壁

上书黏壁 39 唐太宗

唐史纪太宗谓裴寂曰：「比多上书言事者，朕皆黏之屋壁，得出入省览，数思治道，或深夜方寝。公辈亦当恪勤职业，副朕此意。」

解 唐史上，记太宗一日向司空裴寂说道："近日以来，上书奏事者，条件甚多，朕将各衙门条陈的章奏，取其言之当理者，都黏在墙壁上，庶一出一入，常接于目，便于朝夕省览。每思天下至大，治之甚难，如何才有利于民，如何才不病于国，思想起来，至不能寐，或到深夜时分才去安歇。此朕一念不敢怠荒之心也。公等为国大臣，分理庶政，亦当夙夜罔懈，恪供职事，以副朕惓惓图治之意可也。"

昔孔子说："为君难，为臣不易。"古语说："尧兢兢，舜业业。"夫以天下之广，兆民之众，若非为君者忧勤惕厉，主治于上，为臣者竭忠尽力分治于下，欲求治平，岂可得哉！观唐太宗告裴寂之言，即虞庭君臣交相儆戒之意也，其致贞观太平之盛也，宜哉！

【注】 本则出自唐·吴兢《贞观政要·求谏第四》。裴寂：唐朝开国功臣，第一位宰相。比：近来。恪：恭敬，谨慎。罔懈：不懈。虞庭：即虞廷，虞舜的朝廷，舜为古代的圣明之主，故以虞廷为圣朝代称。

上篇　圣哲芳规

纳箴赐帛

纳箴赐帛 40 唐太宗

唐史

纪太宗即位，张蕴古上《大宝箴》，其略曰："今来古往，俯察仰观，惟辟作福，为君实难。圣人受命，拯溺亨屯，归罪于己，因心于民。大明无私照，至公无私亲，故以一人治天下，不以天下奉一人。勿谓无知，居高听卑；勿谓何害，积小就大。乐不可极，乐极生哀；欲不可纵，纵欲成灾。壮九重于内，所居不过容膝，彼昏不知，瑶其台而琼其室；罗八珍于前，所食不过适口，惟狂罔念，邱其糟而池其酒。勿内荒于色，勿外荒于禽，勿贵难得货，勿听亡国音，勿谓我尊而傲贤慢士，勿谓我智而拒谏矜己。安彼反侧，如春阳秋露；巍巍荡荡，恢汉高大度。抚兹庶事，如履薄临深，战战栗栗，用周文小心。《诗》云：'不识不知。'《书》曰：'无偏无党。'众弃而后加刑，众悦而后行赏。勿浑浑而浊，勿皎皎而清，勿汶汶而暗，勿察察而明。虽冕旒蔽目，而视于未形；虽黈纩塞耳，而听于无声。"上嘉之，赐以束帛，除大理丞。

解 唐史上，记太宗初登极时，有一书记官张蕴古上《大宝箴》一篇。大宝是人君所居的宝位，箴是儆戒之辞，人臣不敢直说是箴规天子，故以大宝名箴。这箴中的言语，字字真切，句句有味，从之则为尧舜，反之则为桀纣。人君尊临大宝，须把这段说话常常在目，做个箴规，方可以长保此位，所以名"大宝箴"。太宗深以蕴古之言为善，赐他束帛，升他做大理寺丞。

观太宗纳善之速如此，其所以为唐之令主而成贞观之治者，盖得于是箴为多。

【注】 本则出自《旧唐书·张蕴古列传》。辟：古代国君、诸侯的通称。屯（zhūn）：艰难。大明：太阳。不识不知：出自《诗经·大雅·皇矣》。无偏无党：出自《尚书·洪范》。汶汶：污浊不明的样子。察察：精明的样子。黈纩（tǒukuàng）：黄绵所制的小球，悬于冠冕之上，垂于两耳旁，以示不欲妄听是非。

上篇　圣哲芳规

縱鵲毀巢

纵鹊毁巢 41 唐太宗

唐史纪太宗时，尝有白鹊构巢于寝殿之上，合欢如腰鼓，左右称贺。上曰："我常笑隋帝，好祥瑞，瑞在得贤，此何足贺。"命毁其巢，纵鹊于野外。

解 唐史上，记太宗时，尝有白鹊结窝于寝殿之上，其巢两个合而为一，有合欢之形，又两头大，中腰小，恰似那乐器中腰鼓的模样。左右侍臣都说道："凡物相并，则不能相容。今两鹊为巢，合而为一，形状殊常，实为希有，此盖天地和气所钟，主上圣德所感，理当称贺。"太宗说："不然。昔隋帝不好贤人，而好祥瑞，至于亡国，我尝笑他。以我看来，只是得贤臣、理政事、安百姓，使天下太平，这才是真正的祥瑞。至于珍禽奇兽，不过一物之异耳，何足为瑞而称贺哉！"遂令人毁其窝巢，而纵放白鹊于野外。

夫天地之间草木鸟兽，形质间有殊异者，皆气化偶然，不足为奇。人主不察，遂以为瑞，于是小人乘机献谄，取悦于上，至有以孔雀为鸾凤而诬上行私者矣。人主好尚，可不谨哉！唐太宗"纵鹊毁巢"，诚为超世之见，而瑞在得贤，尤万世人君之龟鉴也。

【注】 本则出自《旧唐书·五行志》。龟鉴：指可以起借鉴作用的事物；龟，龟甲，古时用来占卜；鉴，镜子。

上篇　圣哲芳规

敬贤怀鹞

敬贤怀鹞 42 唐太宗

> 唐史纪太宗尝得佳鹞，自臂之，望见魏徵来，匿怀中。徵奏事故久不已，鹞竟死怀中。

【解】唐史上，记太宗一日得个极好的鹞子，心上喜爱，亲自在臂膀上架着。魏徵平日好直言极谏，太宗尝敬惮他，当架着鹞子的时节，恰好魏徵走来奏事。太宗恐怕他看见，将鹞子藏在自己怀里。魏徵晓得太宗怀着鹞子，故意只管奏事不止。那鹞子藏的时候久了，毕竟死于怀中。

夫太宗尊为天子，偶有臂鹞之失，见了正直的臣，便惭沮掩蔽，如害怕的一般。盖他本是个英明之主，自知所为的非礼，故深以为歉，宁坏了所爱的物而不恤也。臂鹞，是他差处；匿于怀中，是他明处。

【注】本则出自宋·司马光《资治通鉴·唐纪九·卷一九三》，此事发生于贞观二年（628）。魏徵：唐初宰相，凌烟阁二十四功臣之一，历史上有名的谏臣。沮：败坏。

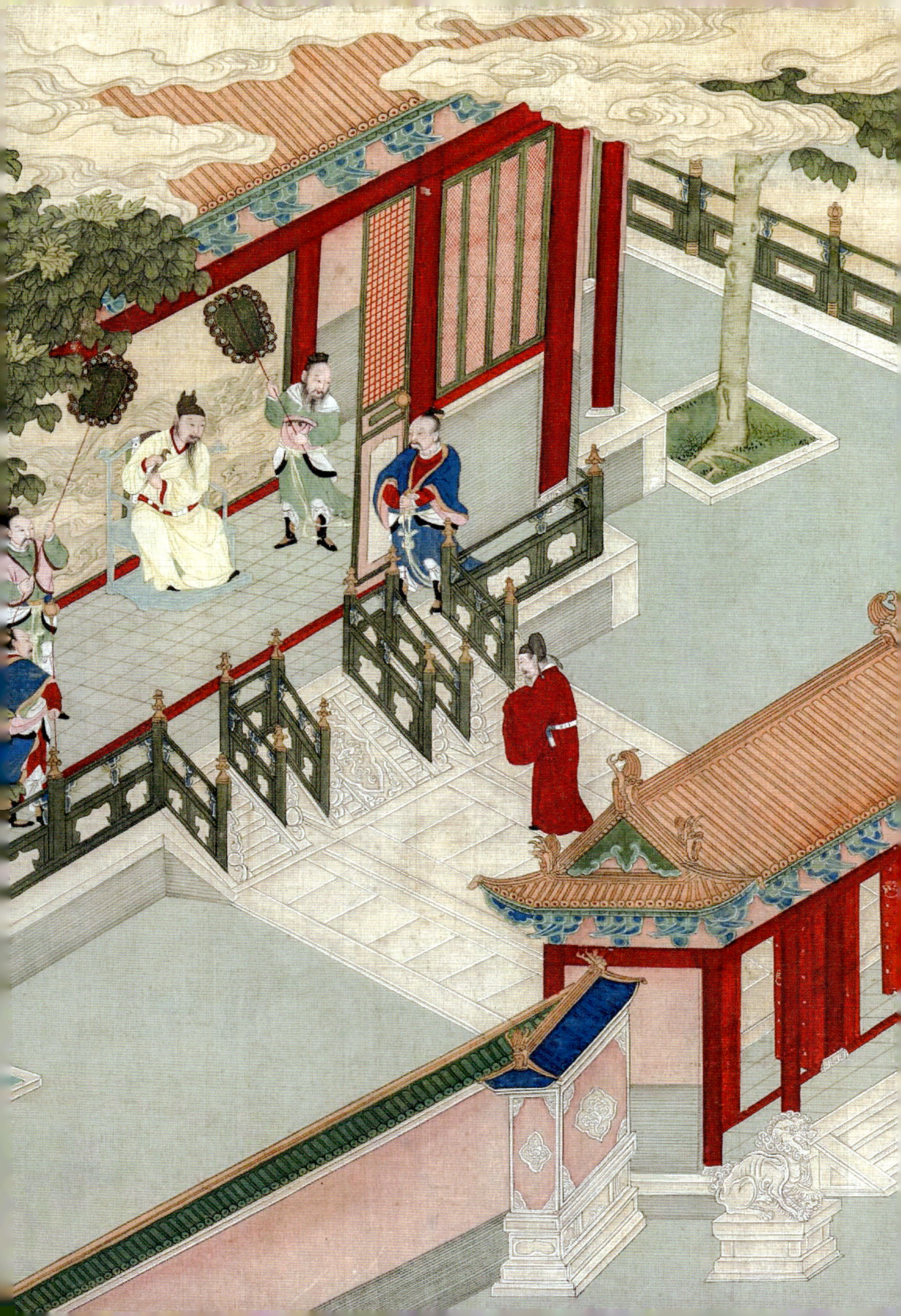

覽圖禁杖

览图禁杖 43 唐太宗

唐史纪太宗览《明堂针灸图》："人五脏之系，咸附于背。"诏自今毋得笞囚背。

解 唐史上，记太宗一日看《明堂针灸书》，这书是医家针灸治病的方法，内有个图形，说人腹中心、肝、脾、肺、肾五脏的系统，皆附贴于脊背。太宗观览此图，思想起来，打人脊背，则五脏震动，或致伤命。遂下诏，令天下问刑衙门，自今以后不许笞杖罪囚的脊背。

盖五刑各有差等，而笞罪为轻。彼罪当处死者，固自有应得之条矣；而于轻罪者复笞其背，使或至于死，诚为不可。太宗天资仁恕，耳目所接，无一不念在生民，故一览医方，而不忍之心遂萌。此诏一出，民之免毙杖下者，不知其几矣。传称太宗以宽仁治天下，而于刑法尤谨，信哉！

【注】 本则出自《新唐书·刑法志》。咸：都。笞：始于战国时期，古代"五刑"之一，以竹板或木板责打犯人背部、臀部或腿部，属于轻刑。五刑：指笞刑、杖刑、徒刑、流刑、死刑五种刑罚。

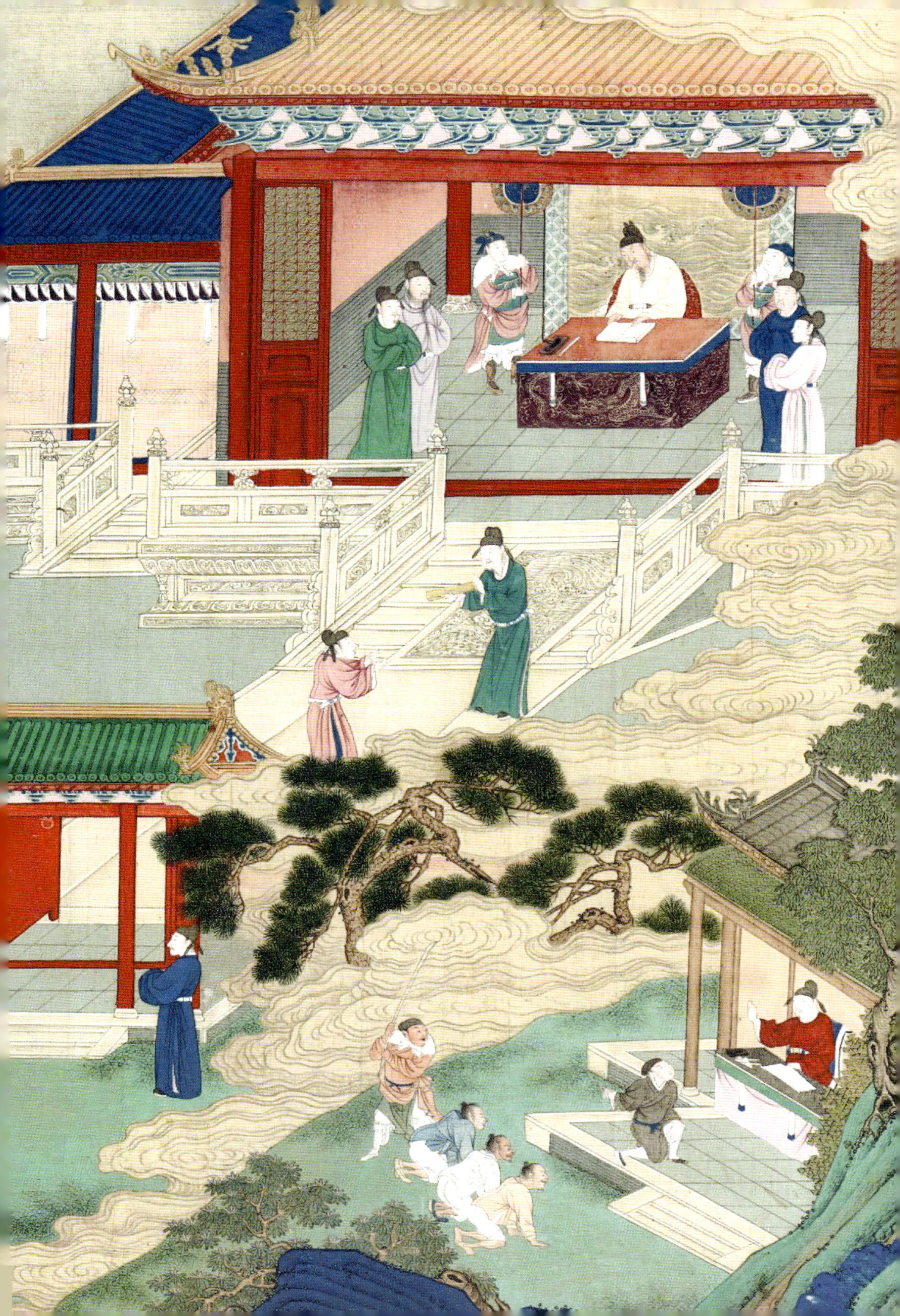

主明臣直

主明臣直 44 唐太宗

唐史纪太宗尝罢朝,怒曰:"会须杀此田舍翁。"后问为谁,上曰:"魏徵每廷辱我。"后退,具朝服,曰:"妾闻主明臣直,今魏徵直,由陛下之明故也,妾敢不贺?"上乃悦。

解 唐史上,记太宗曾一日朝罢还宫,忽发怒说:"少间定要杀了这个田舍翁。"时长孙皇后问说:"陛下要杀谁?"太宗说:"是魏徵,此人不知忌讳,每每当着众臣僚,攻我的过失,羞辱我,我十分忍受不得,所以要杀他。"长孙皇后贤德,知道魏徵是个忠臣,乃退去,穿了朝贺的袍服,来对太宗说:"妾闻古人云:'上有明哲之君,则下有鲠直之臣。'今魏徵之直言不阿,由陛下之圣明,能优容之故也。君明臣直,乃千载难逢,国家盛事,妾敢不称贺?"太宗闻皇后之言,其心乃悦。

尝考自古创业守成之令主,虽圣明天挺,然亦有内助焉。观长孙皇后之于唐太宗,虽夏之涂山,周之太姒,无以过之矣。太宗外有忠臣,内有贤后,天下安得不太平?

【注】 本则出自《资治通鉴·唐纪十·卷一九四》,此事发生于贞观六年(632)。会须:定当。田舍翁:乡下人,犹言"乡巴佬",即俗话说的庄家老。天挺:天生卓越。涂山:传说中大禹妻子的氏族,代指禹妻女娇。太姒:姒姓,周文王的正妃,周武王之母。

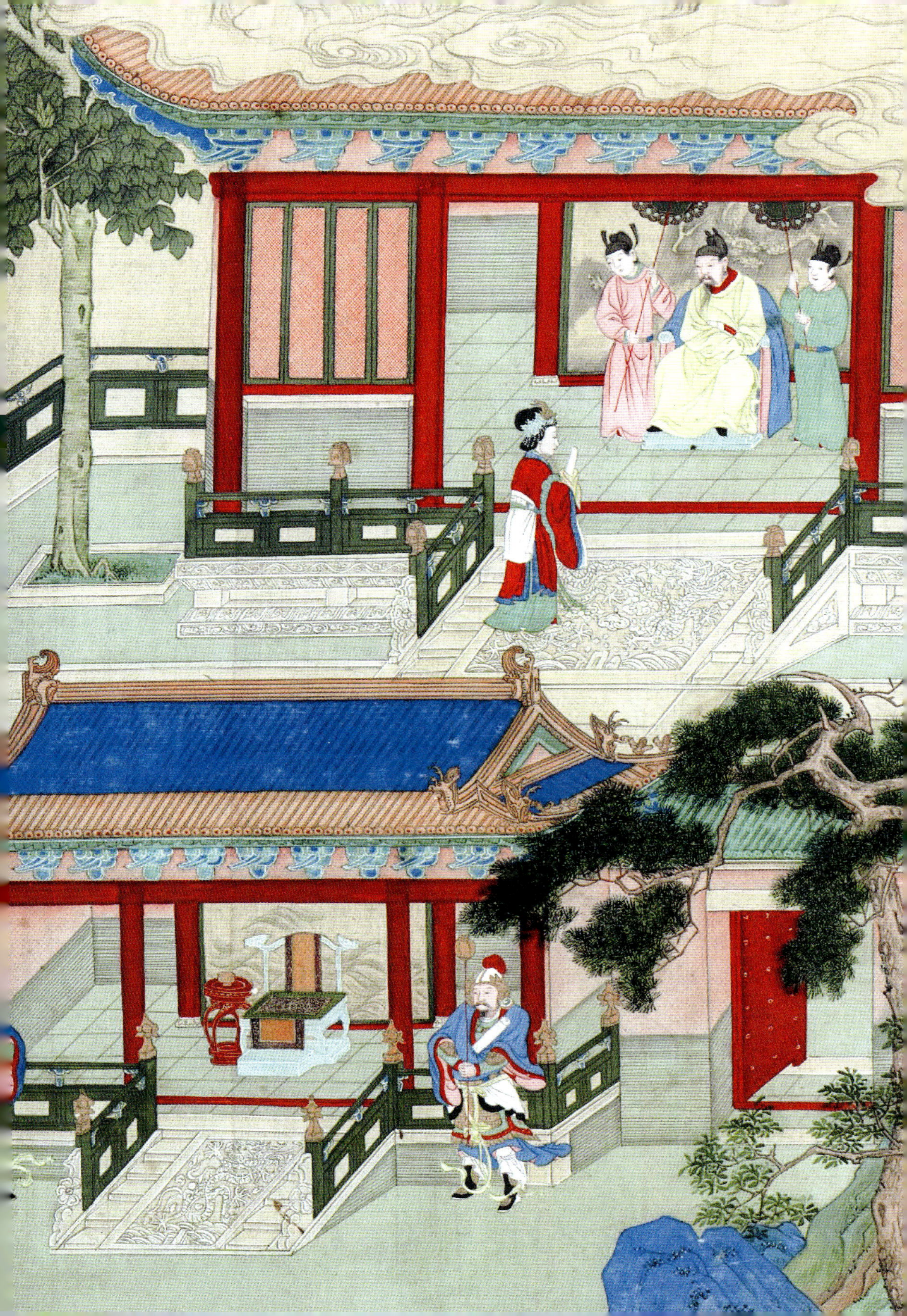

縱囚歸獄

纵囚归狱 45 唐太宗

唐史

纪太宗亲录系囚，见应死者悯之，纵使归家，期以来秋就死。仍敕天下死囚皆纵遣，至期来诣京师。至是九月，去岁所纵天下死囚，凡三百九十人，无人督帅，皆如期自诣朝堂，无一人亡匿者，上皆赦之。

解 唐史上，记太宗尝亲自审录罪囚，见那该死的囚犯，心里怜悯，不忍杀他，都放他回家，看父母妻子，限到明年秋间，着他自来就死。因此又敕令法司，将天下死囚也都暂放还家，亦限至明年秋里自来赴京。及至次年秋间，前时所放的罪囚，共三百九十人，都感太宗不杀之恩，不要人催督帅领，个个都照依期限，齐到朝堂，听候处决，没一个逃亡隐匿下的。太宗见这些囚犯依期就死，终不忍杀，尽皆赦之。

夫死者人之所甚惧，而犯死之人，必天下之恶人也。人君一施恩德，遂能感激至此，使其死且不避，则人之易感者可知，而凡可报君之德者，必无所不用其情矣。然则，人君之治天下，其必以恩德为务哉。

【注】本则故事出自《新唐书·刑法志》，此事发生于贞观六年（632）。

录：审看。 系囚：在押的囚犯。 诣：到。

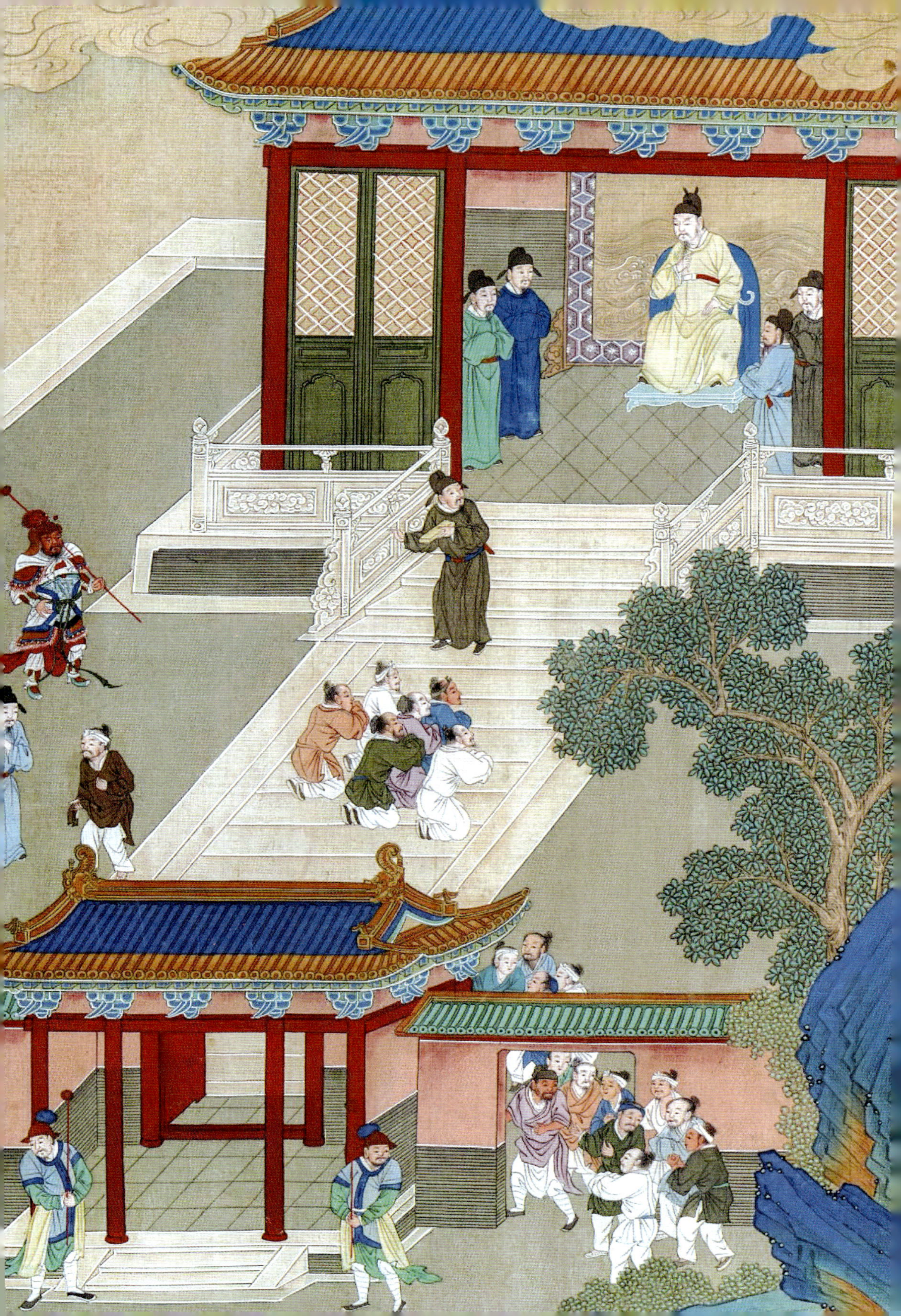

望陵毁观

望陵毁观 46 唐太宗

唐史

纪太宗葬文德皇后于昭陵,上念后不已,乃于苑中作层观,以望昭陵。尝引魏徵同登,使视之。徵熟视之曰:"臣昏眊,不能见。"上指示之,徵曰:"臣以为陛下望献陵;若昭陵,则臣固见之矣。"上泣,为之毁观。

解 唐史上,记太宗贞观十年,皇后长孙氏崩,谥为文德皇后,葬于昭陵。太宗因后有贤德,思念不已,乃于禁苑中起一极高的台观,时常登之以望昭陵,以释其思念之意。一日引宰相魏徵同登这层观,使他观看昭陵。魏徵思太宗此举欠当,他的父皇高祖葬于献陵,未闻哀慕,今乃思念皇后不已,至于作台观以望之,是厚于后而薄于父也。欲进规谏,不就明言,先故意仔细观看良久,对说:"臣年老眼目昏花,看不能见。"太宗因指昭陵所在,教徵看,魏徵乃对说:"臣只道陛下思慕太上皇,故作为此观以望献陵。若是皇后的昭陵,臣早已看见了。"太宗一闻魏徵说起父皇,心里感动,不觉泣下,自知举动差错,遂命拆毁此观,不复登焉。

太宗本是英明之君,事高祖素尽孝道,偶有此一事之失,赖有直臣魏徵能婉曲以进善言,太宗即时感悟,改过不吝,真盛德事也。

【注】本则出自《资治通鉴·唐纪十·卷一九四》,此事发生于贞观十年(636)。层观:高耸的楼台。昏眊:眼睛昏花。固:原本。

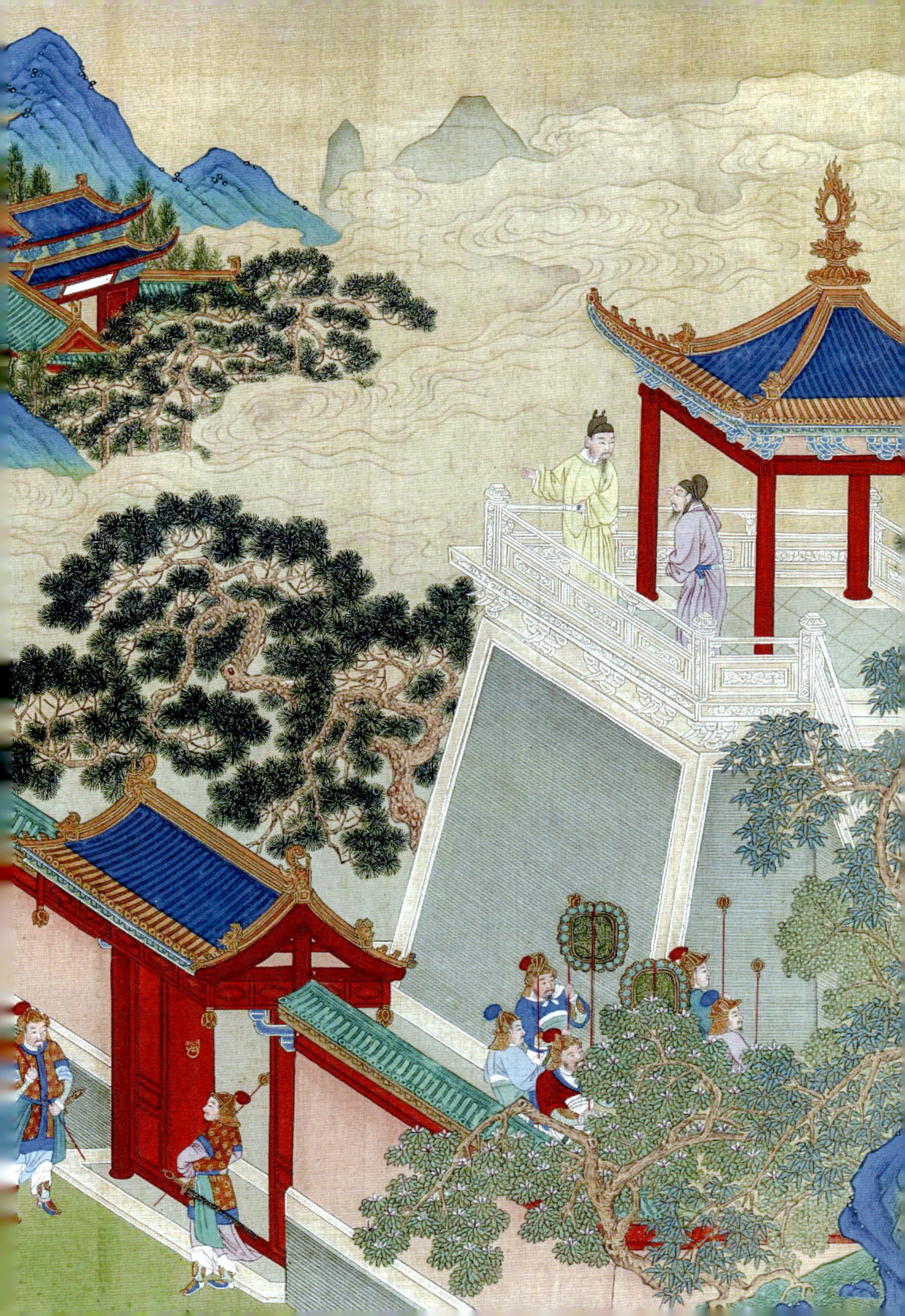

撤殿营居

撤殿营居 47 唐太宗

唐史

纪太宗以魏徵宅无堂，命辍小殿之材以构之，五日而成，仍赐以素、屏、褥、几、杖等，以遂其所尚。徵上表谢，上手诏曰："处卿至此，盖为黎元与国家，何事过谢。"

解 唐史上，记太宗时的大臣，只有个魏徵能尽忠直谏，太宗也极敬重他。一日闻魏徵所住的私宅，止有旁屋，没有厅堂。那时正要盖一所小殿，材料已具，遂命撤去，与魏徵起盖厅堂，只五日就完成了。又以徵性好俭朴，复赐以素、屏、褥、几、杖等物，以遂所好尚。徵上表称谢，太宗手诏答曰："朕待卿至此，盖为社稷与百姓计，何过谢焉。"

夫以君之于臣，有能听其言，行其道，而不能致敬尽礼者，则失之薄；亦有待之厚，礼之隆，而不能谏行言听者，则失之虚。又有赏赐及于匪人，而无益于黎元国家者，则失之滥，而人不以为重矣。今观太宗之所以待魏徵者，可谓情与文之兼至，固宜徵之尽忠图报，而史书之以为美谈也。

【注】 本则出自《旧唐书·魏徵传》。辍：撤走。素：白绢。尚：爱好。黎元：百姓。匪：非。

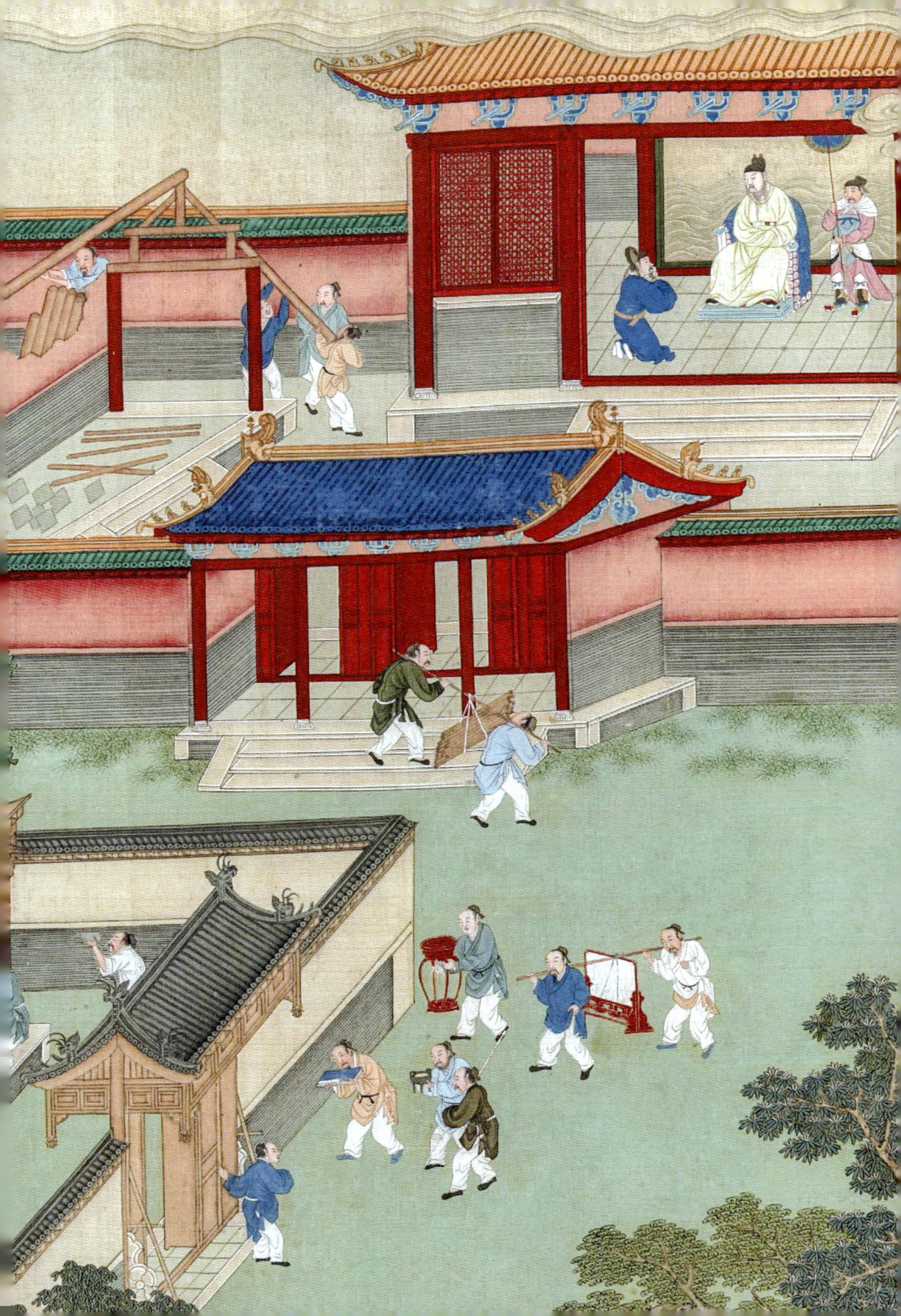

面斥佞臣

面斥佞臣 48 唐太宗

唐史纪太宗尝止树下,爱之,宇文士及从而誉之不已。太宗正色曰:"魏徵尝劝我远佞人,我不知佞人是谁,意疑是汝,今果不谬。"士及叩头谢。

解 唐史上,记太宗一日退朝之暇,曾闲行到一树下,见其枝叶茂盛,心颇爱之。是时宇文士及在旁,要阿奉太宗的意思,就将那株树称誉不止。太宗觉得士及是个便佞的人,心里厌他,因正色面斥之,说道:"往日魏徵劝我斥远佞人,我不知今朝中那(nǎ)一个是佞人,但心里也疑是你。自今观之,一树之微,何足称誉,其曲意承顺如此,所谓佞人,非汝而谁?平日所疑,果不谬也。"士及惶恐叩头谢罪。

尝观孔子有言曰"恶利口之覆邦家",又曰"远佞人"。盖便佞之人,专一窥伺人主的意思,巧于奉承,哄得人主心里喜悦,就颠倒是非,变乱黑白,贼害忠良,报复仇怨,如费无忌、江充之伦,把人家君臣父子都离间了,终至于骨肉相残,国家倾败而后已。是以圣人深以为戒,如饮鸩毒,如避蛇蝎,不敢近他。如唐太宗之面斥宇文士及,可谓正矣。然终不能屏而远之,则亦岂得为刚明之主哉?然佞人亦难识,但看他平日肯直言忠谏的,就是正人;好阿谀奉承的,就是佞人。以此辨之,自不差矣。

【注】 本则出自《资治通鉴·唐纪十二·卷一九六》和《新唐书·宇文士及列传》,此事发生于贞观十六年(642)。佞:巧言谄媚。恶利口之覆邦家:出自《论语·阳货》。远佞人:出自《论语·卫灵公》。

上篇　圣哲芳规

剪须和药

剪须和药 49 唐太宗

唐史纪太宗时，李世勣尝得暴疾，方云须灰可疗。上剪须为之和药，世勣顿首出血泣谢。上曰：「朕为社稷，非为卿也，何谢之有？」

解 唐史上，记太宗时，有功臣李世勣得个暴病，医方上说用人须烧灰，可治此病。太宗只要世勣的病好，遂将自己的须剪与他合药。世勣病愈，感帝之恩，叩头出血，涕泣而谢。太宗说："朕赖卿以安社稷，卿安则社稷安矣，朕剪须以治卿病，乃是为社稷计，不为卿一人之私也，何谢之有？"

孟子曰："君之视臣如手足，则臣视君如腹心。"太宗忧世勣之病，至亲剪其须以疗之，诚不啻若手足之爱矣，为之臣者安得不竭忠尽力，奋死以图报哉！

【注】 本则出自《新唐书·李勣列传》。李世勣：又叫李勣，原名徐世勣，字懋功，唐初凌烟阁二十四功臣之一，曾参与编纂《唐本草》。"君之视臣如手足……"：出自《孟子·离娄下》，原文为"君之视臣如手足，则臣视君如腹心；君之视臣如犬马，则臣视君如国人；君之视臣如土芥，则臣视君如寇雠"。

上篇　圣哲芳规

遇物教储

遇物教储 50 唐太宗

唐史纪太宗自立太子,遇物则诲之。见其饭则曰:"汝知稼穑之艰难,则常有斯饭矣。"见其乘马则曰:"汝知其劳而不竭其力,则常得乘之矣。"见其乘舟则曰:"水所以载舟,亦所以覆舟。民犹水也,君犹舟也。"见其息于木下,则曰:"木从绳则正,后从谏则圣。"

解 唐史上,记太宗自立晋王为太子,凡遇一物一事,必委曲诲谕之,以启发他的意志。如见太子进膳,就教之说:"农夫终岁勤苦,耕耘收获,种得谷成,方有此饭。汝若用饭之时,即念稼穑艰难,此饭不容易得,推此心去体恤农夫,节省用度,则上天必监汝有惜福之智,而多降天禄,使汝常得用此饭矣。"如见太子乘马,就教之说:"马虽畜类,亦具知觉之性,所当爱惜。汝若乘马之时,即念此马之劳,驰驱有节,不尽其力,则上天必监汝有爱物之仁,而贵畀万乘,使汝常得乘此马矣。"如见太子乘舟,就教之说:"水本以载舟,故舟藉水以运,然而水亦能覆舟,则舟不可倚水为安。那百姓每就譬之水一般,为君上

【注】 本则出自《资治通鉴·唐纪十三》(卷一九七),此记的是贞观十七年(643)的事。"木从绳则正,后从谏则圣":出自《尚书·说命上》,后,指君王。晋王:即后来的唐高宗李治(649—683在位),为唐朝第三位皇帝。

的譬之舟一般。君有恩德及民，则民莫不戴之为君；若是暴虐不恤百姓，则人亦将视之为寇仇而怨叛之。譬之于水，虽能载舟，亦能覆舟，不可不惧也。"如见太子息阴于木下，就教之说："木生来未免有弯曲处，惟经匠氏绳墨，则斫削的端正，可为宫室器物之用。人君生长深宫，未能周知天下之务，岂能件件不差，惟虚心听从那辅弼谏诤之臣，则智虑日明，历练日熟，遂能遍知广览而成圣人矣。这是《书经》上的说话，不可不知也。"

　　唐太宗之教诲太子，用心谆切如此。盖太子乃天下之本，欲成就其德，惟在教诲周详。所以唐太宗特加意于此，其深谋远虑，真可为万世法矣。

遣歸方士

遣歸方士 51 唐太宗

唐史

纪太宗时，天竺方士娑婆寐，自言有长生之术，上颇信之，发使诣婆罗门诸国采药，药竟不就，乃放还。高宗即位，复诣长安，上复遣归。谓宰相曰："自古安有神仙，秦始皇、汉武帝求之，卒无所成。果有不死之人，今皆安在？"李勣对曰："此人再来，容发衰白，已改于前，何能长生？"竟未及行而死。

解 唐史上，记太宗时，西域天竺国有个方外的道士，叫做娑婆寐，自己说他有长生不老的药方。太宗初信其言，发人去往婆罗门诸国采取药物，着他制药，竟不能成，乃遣他还归本国。及至高宗即位，这方士又到京师，以其方术见上，高宗不纳，仍复遣还。因与宰相说道："自古生必有死，神仙之说都是虚诞，昔时秦始皇、汉武帝为求神仙，费了一生心力，到底没一些效验。若使世界果有长生不老之人，今皆何在？"李勣对曰："此人这一番来，容貌衰老，发尽皓白，与前次不同；他若有仙方，何不自家服食延年？而衰老如此，其妄诞可知矣。"后果不及还家而死。

由此观之，神仙之说，原是谄谀之人于求恩宠，见得天子之富贵已极，无足以动其意者，惟有长生一事，不可必得，遂托为渺茫玄远之说，以歆动人主之意。是以为秦皇求仙药者，有徐福辈，入海不返；为汉武求仙方者，有栾大等，无功被诛。即此二事，可为明验。然惟清心寡欲，节慎于饮食起居之间，自可以完固精神，增益年寿。如五帝三王，享国长久，垂名万世，不亦美乎？

【注】本则出自《资治通鉴·唐纪十六·卷二〇〇》，此事发生于唐高宗显庆二年（657）。 婆罗门：指婆罗门教，此处指代印度，也被用作古印度的代称。 歆动：欣喜动心。 徐福：秦朝著名方士，曾率三千童男女东渡出海寻找仙药不归。 栾大：汉武帝时方术之士，武帝以为其能通神仙，委以重任，后因方术大多不验，不能通神，遂被腰斩。

焚锦销金

焚锦销金 52 唐玄宗

唐史纪玄宗以风俗奢靡，制："乘舆服御、金银器玩，令有司销毁，以供军国之用；其珠玉、锦绣，焚于殿前。后妃以下，皆毋得服珠玉锦绣；天下更毋得采珠玉、织锦绣等物，罢两京织锦坊。"

解 唐史上，记玄宗初年，因见当时风俗奢侈华靡，心甚恶之，欲痛革其弊。乃诏凡上用服御器玩系是金银装饰打造的，令有司尽行销毁，却将这金银就充朝廷军国的费用。其内府所积珠玉锦绣，都取在殿前用火烧了，以示不用。又以后宫不先禁止，外面人未免效尤，乃诏后妃以下，勿得用珠玉锦绣为服饰。又诏天下官民人等，再不许采取珠玉织造锦绣等物。两京旧日，有织锦坊，也命撤去了，不复织造。

盖珠玉锦绣，徒取观美，其实是无益之物。人君喜好一萌，必至征求四方，劳民伤财，无所不至。又且天下化之，习尚奢侈，渐至民穷财尽，贻害不小。玄宗初年刻励节俭如此，所以开元之治，大有可观，到后来还不免以奢取败。可见靡丽之物，容易溺人，而人主持志不可不坚也。

【注】 本则出自《资治通鉴·唐纪二十七·卷二一一》，此事发生于唐玄宗开元二年（714）。玄宗：李隆基（685—762），唐朝第六位皇帝（712—756在位），开创"开元盛世"。制：古代帝王的命令称"制"。有司：有关主管部门。两京：唐高宗显庆二年以后，京师长安和东都洛阳合称为两京。溺：沉溺。

上篇　圣哲芳规

委任贤相

委任贤相 53 唐玄宗

唐史纪玄宗初即位,励精为治,以姚元之为相,每事访之,元之应答如响,同僚皆唯诺而已,故上专委任之。元之尝奏请序进郎吏,上仰视殿屋,再三言之,终不应,元之惧,趋出。罢朝,高力士谏曰:"陛下新总万机,宰相奏事,当面加可否,奈何一不省察?"上曰:"朕任元之以庶政,大事当奏闻共议,郎吏卑秩,乃以烦朕耶?"会力士宣事至省中,为元之道上语,元之乃喜,闻者皆服上识人君之体。

解 唐史上,记玄宗即位之初,励精图治,知道姚元之是个贤臣,以他为宰相,每事必访问他。元之素有才能,练达政事,随问随答,如响之应声,同僚官皆不能及,但从后唯诺而已。于是玄宗专意委任之。一日元之面奏,请以次序升转郎官,玄宗不答应他,只仰面看着殿屋;元之又再三奏请,玄宗终不答应,元之只说玄宗怪他,恐有得罪,不敢再奏,趋走而出。及朝罢,内侍高力士谏说:"陛下新总万机,宰相奏事,宜面定可否,何故只仰看殿屋,通不礼他?"玄宗说:"我将国家的事,都付托与元之,委任至重,惟大事当奏闻,我与他商议。今郎吏小官,也来一一奏请,岂不烦黩耶?"这是玄宗专任宰相的意思,元之却不知,心怀疑惧,适遇高力士以传奉旨意事到中书省中,将玄宗的言语,备悉说与元之。元之心上才喜,群臣闻之,都说玄宗不亲细事,而委任贤相,得为君之体也。

然人主须是真知宰相之贤,乃可以委任责成,不劳而治。若不择其人,而轻授以用舍之柄,将至于威权下移,奸邪得志,其为害又岂浅也哉?故帝王之德,莫大于知人,而治乱之机,惟视其所任,人主不可不慎也!

【注】本则出自《资治通鉴·唐纪二十六·卷二一〇》,此事发生于开元元年(713)。姚元之:即姚崇,唐朝名相,历任武后、睿宗、玄宗三朝宰相,与房玄龄、杜如晦、宋璟并称"唐朝四大贤相"。如响:如回声之相应和。序进:按规定的等级次第升迁。庶政:各种政务。卑秩:低微的官职。

兄弟友爱

兄弟友爱 54 唐玄宗

唐史

纪玄宗素友爱，初即位，为长枕大被，与兄弟共寝；饮食起居，相与同之。薛王业有疾，上亲为煮药，火燃上须，左右惊救之，上曰："但使王饮此药愈，须何足惜？"

解 唐史上，记玄宗与他兄弟诸王，极相友爱，到做了天子，也不改变。初登宝位，即制为长枕大被，与诸兄弟们一处宿歇；饮食行坐，都不相离。少弟薛王名业，曾染疾病，玄宗自己替他煎药，炉内火被风吹起来，烧着玄宗的须，左右惊慌上前救之。玄宗说："但愿薛王服药，病得痊可，我之须何足惜？"其友爱之切如此。

夫兄本是同胞所生，故大舜待弟，亲之欲其贵，爱之欲其富，至于一忧一喜，莫不与共。玄宗身为天子，能这等于友爱，亦可谓贤君矣。

【注】本则出自《资治通鉴·唐纪二十七·卷二一一》，此事发生于开元二年（714）。

上篇　圣哲芳规

召試縣令

召試縣令 55 唐玄宗

唐史

纪玄宗悉召新除县令至殿庭，试理人策。惟韦济词理第一，擢为醴泉令。余二百人不第，且令之官；四十五人放归学问。又敕京官五品以上、外官刺史，各举县令一人，视其政善恶，为举者赏罚。

> **解** 唐史上，记玄宗以县令系亲民之官，县令不好，则一方之人皆受其害，故常加意此官。是时有吏部新选的县令二百余人，玄宗都召至殿前，亲自出题考试，问他以治民之策。那县令所对的策，惟有韦济词理都好，取居第一，拔为京畿醴泉县令；其余二百人，文不中第，考居中等，姑令赴任，以观其政绩何如。又四十五人，考居下等，放回原籍学问，以其不堪作令，恐为民害也。又敕令在京五品以上官，及外面的刺史，各举他所知的好县令一人，奏闻于上，既用之后，遂考察那县令的贤否，以为举主的赏罚。所举的贤，与之同赏；所举的不肖，与之同罚。所以，那时县令多是称职，而百姓皆受其惠，以成开元之治。
>
> 今之知县，即是古之县令，欲天下治安，不可不慎重此官也。

【注】 本则分别出自《资治通鉴·唐纪二十七·卷二一一》（开元四年，公元 716 年）和《资治通鉴·唐纪二十八·卷二一二》（开元九年，公元 721 年）。

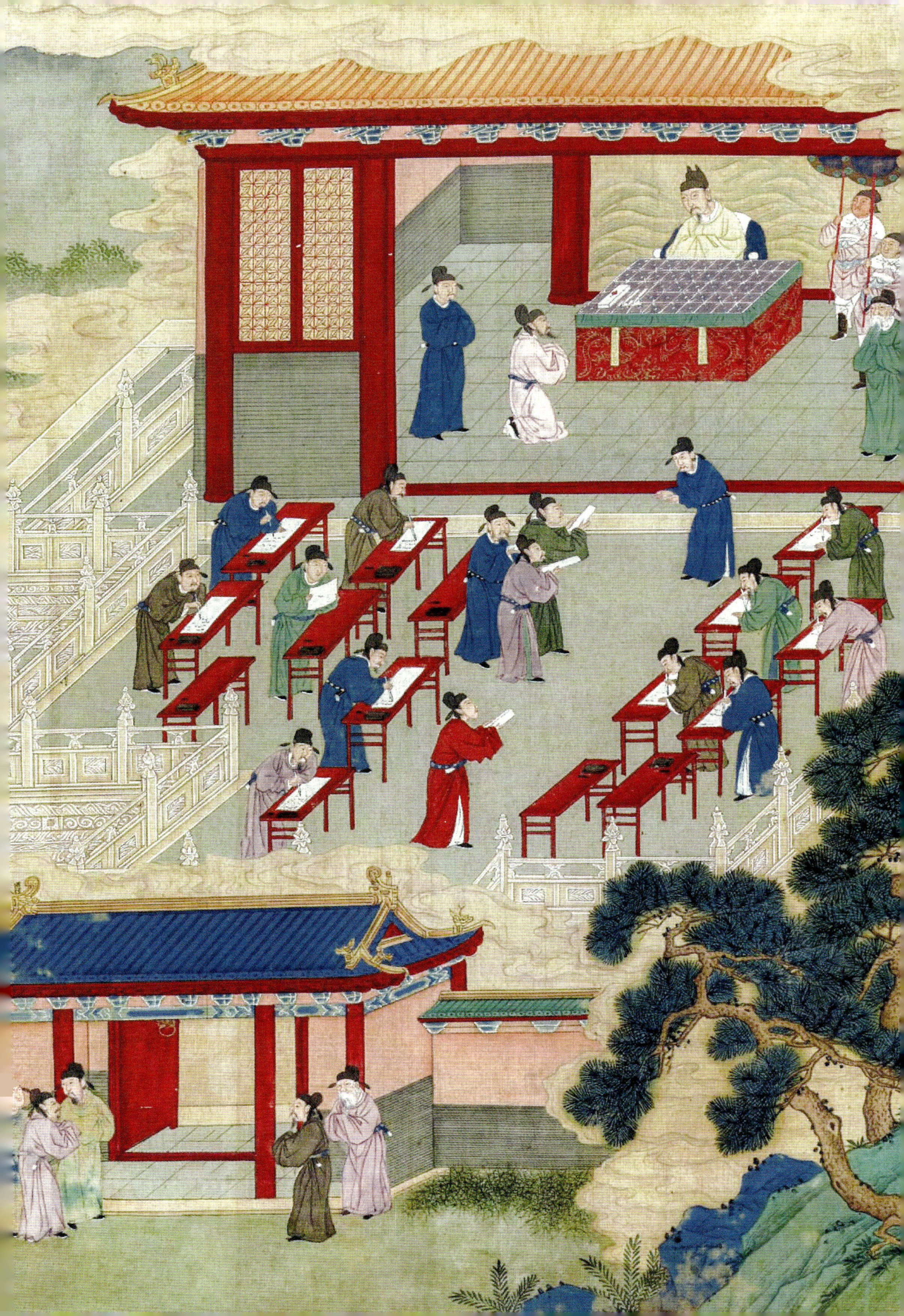

聽諫散鳥

听谏散鸟 56 唐玄宗

唐史纪玄宗尝遣人诣江南，取鸂鶒、㶉鶒等欲置苑中，所至烦扰。汴州刺史倪若水上言：「今农桑方急，而罗捕禽鸟，陆水转送，道路观者，岂不以陛下为贱人而贵鸟乎？」玄宗手敕谢之，纵散其鸟。

解 唐史上，记玄宗尝遣使臣往江南地方，采取鸂鶒、㶉鶒等水鸟，畜养于苑中，以恣观玩。时使臣所到的去处，百姓每不胜扰害。有汴州刺史倪若水上书谏说："如今江南百姓衣食不足，饥寒过半，方务农采桑，以耕织为急。而朝廷之上，乃使之罗捕禽鸟，水陆转运，远至京师，负累小民，骚扰地方。那路上人看见的，岂不说陛下轻视民命、重视禽鸟，为贱人而贵鸟乎？何故为此不急之务，好此无益之物，以亏损圣德也！"玄宗一闻若水之言，深合于心，即发手敕一道谢之。因纵散其鸟，不复采捕。

尝闻召公之训武王曰："不贵异物贱用物，民乃足。"又曰："珍禽奇兽，不育于国。"人主之好尚，不可不审也。玄宗爱鸟，近于禽荒，一闻若水之言，即命散之，可谓从谏如流矣。然不但禽鸟一事，但凡人主喜好那一件物，即为地方之害。盖官吏奉承，指一科十，半入公家，半充私橐，甚至严刑峻罚，催督苛扰，百姓每至于鬻儿卖女，倾家荡产，其害不可胜言哉！惟人主清心寡欲，一无所好，只着百姓每纳他本等的赋税，则黎元皆得休息，天下自然太平矣！

【注】 本则出自《资治通鉴·唐纪二十七·卷二一一》，此事发生于开元二年（714）。鸂鶒：一种水鸟，即"赤头鹭"。㶉鶒（chì）：一种水鸟，形似鸳鸯而稍大，多紫色，雌雄偶游，亦作"㶉鶒""紫鸳鸯"。"不贵异物贱用物，民乃足""珍禽奇兽，不育于国"：皆出自《尚书·周书·旅獒》。召公：即姬奭，西周宗室，与周公姬旦一道辅佐成王。

上篇　圣哲芳规

馅饼惜福

57 唐玄宗 馅饼惜福

唐史纪肃宗为太子，尝侍膳。有羊臂臑，上顾太子使割，肃宗既割，余污漫刃，以饼洁之。上熟视不怿，肃宗徐举饼啗之。上大悦，谓太子曰："福当如是爱惜。"

解 唐史上，记肃宗为太子时，曾在宫中亲侍他父皇玄宗进膳，盖问安侍膳，乃太子之礼也。那席间有一块羊臂臑，玄宗欲食之，顾视肃宗，着他亲自割切。肃宗承命，就用刀割切了，因刀刃上有些羊脂污漫，取一块饼，将刀揩得洁净。玄宗见饼乃食物，而以之拭刀为可惜，注目看着他，有不悦之色。肃宗从容举起那饼，放在口中吃了，不敢抛弃。玄宗方才大喜，遂对肃宗说道："凡人福禄有限，应当如此爱惜。"

大抵自天子以至庶人，福分虽有大小，然皆以撙节爱惜而得长久，暴殄糜费，必致短促。譬之井泉，徐徐吸取，则其来无穷，用之不尽；若顿行打汲，则顷刻之间，立见其干竭矣。所以自古圣贤之君，虽尊居九重，富有四海，而常服浣濯之衣，不食珍奇之味，减省服御，爱养民力，故得寿命延长，国祚绵远。彼齐后主、隋炀帝之流，竭万民之膏血，以供一人之欲，如恐不足，一旦福穷禄尽，身丧国亡，岂不可悲也哉？唐玄宗"惜福"二字，诚万世人主之龟鉴也。

【注】 本则出自宋·王谠《唐语林·德行》或唐·李德裕《次柳氏旧闻》。肃宗：李亨（711—762），初名李嗣升，又名李浚、李玙、李绍，玄宗第三子，唐朝第七位皇帝（756—762在位）。臂臑（nào）：指人自肩至肘前侧靠近腋部隆起的肌肉，亦指臂之羊矢穴，此处指牲畜前肢的下半截。怿：喜悦。

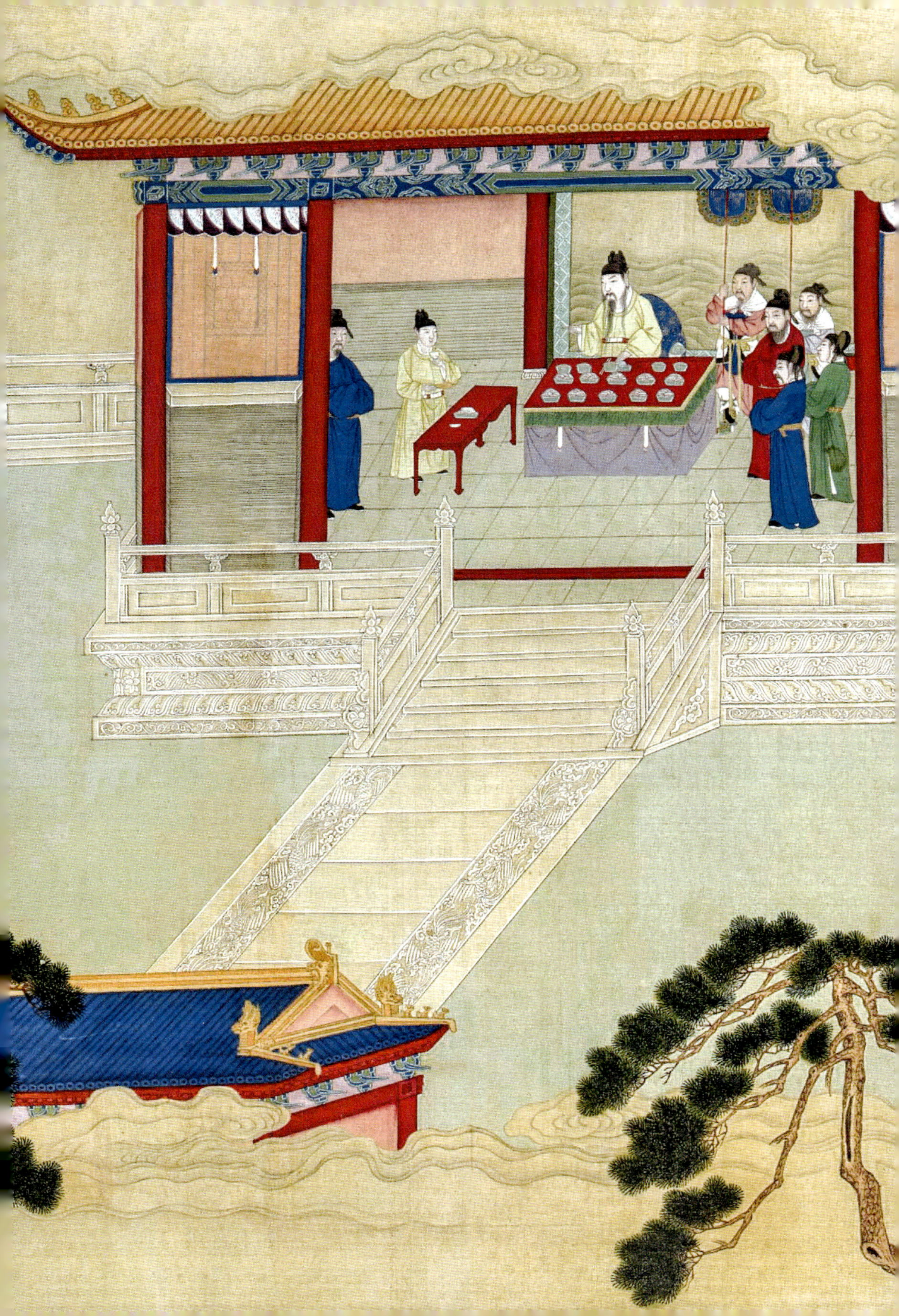

燒梨聯句

燒梨联句 58 唐肃宗

唐史

纪肃宗召处士李泌于衡山，至，舍之内庭。尝夜坐地炉，烧二梨以赐李泌，颖王恃宠固求，上不许，曰：『汝饱食肉，先生绝粒，何争耶？』时诸王请联句，颖王曰：『先生年几许，颜色似童儿。』信王曰：『夜枕九仙骨，朝披一品衣。』一王曰：『不食千钟粟，惟餐两颗梨。』上曰：『天生此间气，助我化无为。』后肃宗恢复两京，泌之策为多。至德宗时拜相，时人方之张子房。

解 唐史上，记处士李泌有道行，隐居嵩山，曾侍肃宗于东宫；及肃宗即位，遣人各处求访，得之于衡山。既到，待以宾友之礼，就着他在内殿居住，便于咨访。曾一寒夜，肃宗坐地炉，自烧两个梨以赐李泌。颖王年幼，倚着肃宗宠爱，要这烧的梨吃。肃宗不肯与他，说道：" 你终日饱食肉味，先生休粮绝粒，不吃烟火食，故我以此梨赐之，如何来争？" 颖王乃止。此时诸王因请联诗以赠李泌，颖王先倡一联云：" 先生年几许，颜色似童儿。" 说李泌年纪多少，而颜色美好，只如童子一般，此美其有道养形，异于常人也。信王接一联云：" 夜枕九仙骨，朝披一品衣。" 说李泌夜间则枕九仙的骨睡着，昼则穿一品极贵的衣服。此美其以隐逸而兼尊贵也。有一王又接一联云：" 不食千钟粟，惟餐两个梨。" 说李泌固辞相位，不肯受千钟俸禄，惟今夜二梨之赐则受而食之。此美其高尚之志也。于是肃宗凑成末联云：" 天生此间气，助我化无为。" 说李泌非是凡人，乃上天间气所生，以助我成无为之化也。其后肃宗收复两京、平" 安史之乱"，李泌之谋策居多。至德宗时为宰相，功业尤著。时人把他比汉时张子房，为神仙宰相也。

夫李泌一山人尔，而肃宗乃呼为先生，称为间气，至烧梨以赐之，此所谓以天子而友匹夫者也。

【注】本则出自唐·李繁《邺侯家传》。李泌：历仕唐玄宗、肃宗、代宗、德宗四朝，三退隐，两拜相，人称"神仙宰相"。绝粒：犹辟谷，指道家摒除火食、不进五谷以求得延年益寿的修养术。两京：指长安、洛阳。间气：亦作"闲气"，古时谓英雄伟人，上应星象，禀天地特殊之气，间世而出，故称。方：比作。张子房：即张良，西汉开国功臣。

不受貢獻

不受贡献 59 唐宪宗

唐史

纪宪宗初即位,昇平公主献女口。上曰:"上皇不受献,朕何敢违!"遂却之。荆南献毛龟,诏曰:"朕永思理本,所宝惟贤,至如嘉禾、神芝、珍禽奇兽,皆虚美尔,所以《春秋》不书祥瑞。自今勿复以闻,其有珍奇,亦毋得进。"

解 唐史上,记宪宗初即帝位,昇平公主献妇女五十人进宫答应。宪宗说道:"我父皇在时,不受人的贡献,朕何敢违其教!"遂却而不受。又荆南地方献两个绿毛龟,宪宗又下诏书却之,说道:"朕长思治道之本,惟贤人为可宝,取其能安国家,利百姓也。至如嘉禾、灵芝、珍禽奇兽,徒为耳目观美,都是无用之物,何足宝乎?所以孔子作《春秋》之书,并不曾记一件祥瑞,正以其无益也。自今以后,天下有司,再勿以祥瑞奏闻;其有珍禽奇兽,如毛龟之类者,亦不许进献。"

盖天下之物,恒聚于所好,而声色、祥瑞、珍奇三件,尤人情所易溺者。人主一有所好,则邪佞小人遂得以乘其隙而投之,欲端一开,辟之堤防溃决,不可复塞,终至于心志蛊惑,政事荒怠,亡身复国而不悟,可悲也哉!今宪宗即位之初,即能一切拒绝如此,其高识远志,诚超出乎寻常万万矣!

【注】 本则出自《资治通鉴·唐纪五十二·卷二三六》,此事发生于永贞元年(805)。宪宗:李纯(778—820),本名李淳,唐朝第十一位皇帝(805—820在位)。理本:治道的根本。嘉禾:在古代,把一禾两穗、两苗共秀、三苗共穗等生长异常的禾苗称为"嘉禾",以为是吉祥的象征。

上篇　圣哲芳规

遣使赈恤

遣使赈恤 60 唐宪宗

唐史纪宪宗四年，南方旱饥，命左司郎中郑敬等，为江淮、两浙、荆湖、襄鄂等道宣慰使，赈恤之。将行，上戒之曰："朕宫中用帛一匹，皆籍其数，惟周救百姓，则不计费。卿辈宜识此意，勿效潘孟阳饮酒游山而已。"

解 唐史上，记宪宗四年，南方大旱，百姓饥荒。宪宗命左司郎中郑敬等为江淮、两浙、荆湖、襄鄂等处各道宣慰使之官，分头去赈济饥民。郑敬等奉命将行，辞朝。宪宗戒谕他说："朕于宫中用度，虽一帛之微，必登记其数，惟恐浪费，独于周济百姓，则不计所费。虽多弗惜，盖以民命为重，必使百姓受惠，而库藏盈缩，所以不暇计也。卿等此行，宜体朕此意，凡所至饥荒之处，务要量其轻重，备查户口，逐一散给，必使百姓每个个都沾实惠才好。若前此所遣潘孟阳，出去只饮酒游山，而以赈济委之他人，全不体朝廷爱民之意，深负委托，卿等切勿效之。"

盖国依于民，而民依于食，使民有饥荒，而不为赈恤，则死者固多，而民心亦离散矣，将何以为国乎？宪宗有见于此，故薄于自奉，而厚于恤民，可谓知用财之道，得保邦之本矣，宜其为有唐之令主也欤！

【注】 本则出自《资治通鉴·唐纪五十三》卷二三六、二三七，此事发生于元和四年（809）。籍：登记在簿。

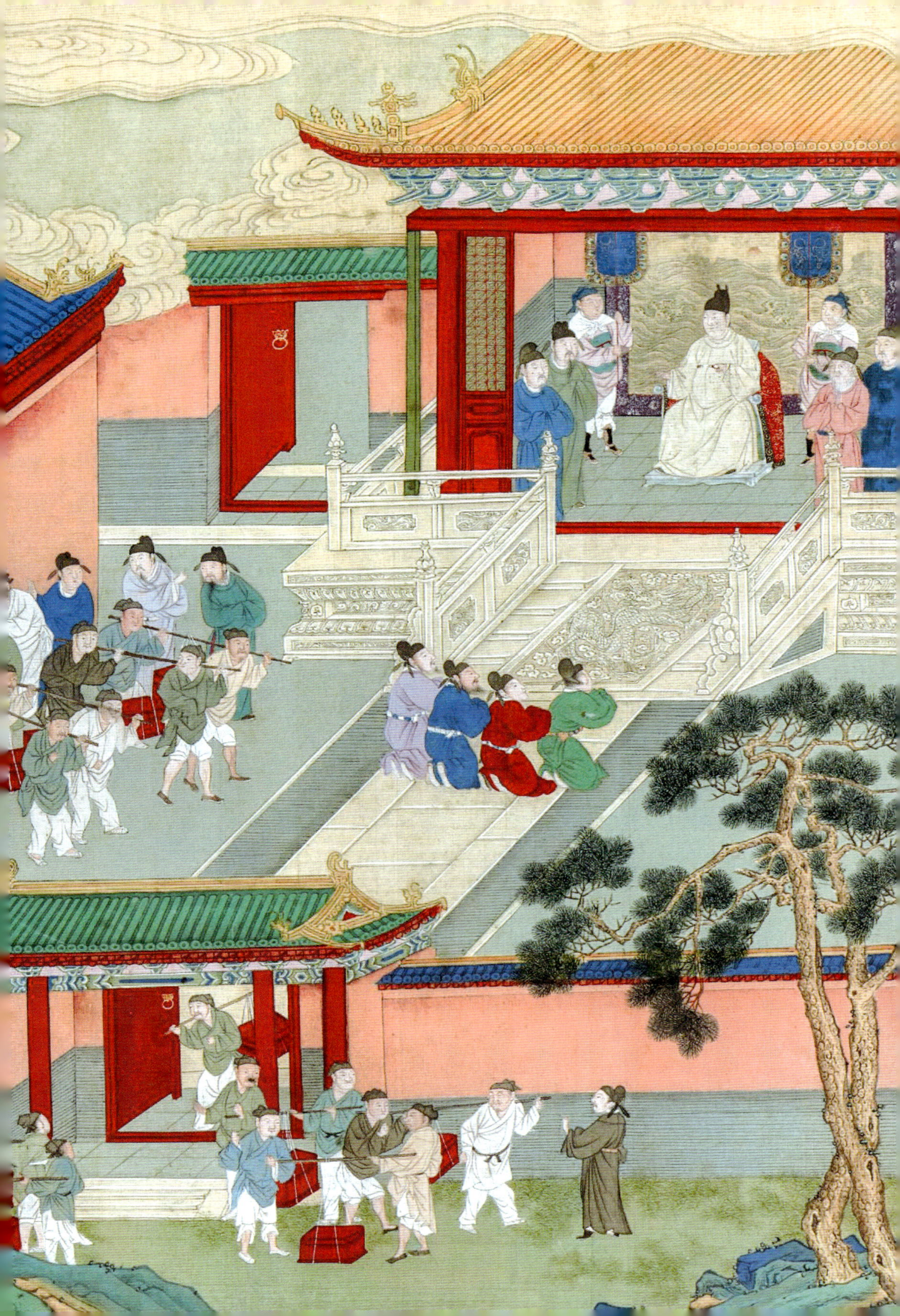

延英忘倦

延英忘倦 61 唐宪宗

唐史

纪宪宗尝与宰相论治道于延英殿，日旰暑甚，汗透御服，宰相恐上体倦，求退。上留之，曰："朕入宫中，所与处者，独宫人近侍耳，故乐与卿等且共谈为理之要，殊不知倦也。"

解 唐史上，记宪宗励精图治，尝与宰相讲论治天下的道理于延英殿，直到日暮，尚未还宫，天气又甚暑热，汗透了上所穿的袍服，宰相李绛、裴度恐上御体劳倦，因求退出。宪宗留之，说道："朕回到宫中，所与相处者，不过是宫女及左右近侍耳，安得对贤士、闻正言，所以每日喜与卿等且共谈论为治的要务，甚是有益，不知疲倦也。"

夫人君一日之中间，事有万几，须是常常接见贤臣，从容讲论，方得停当。所以尧舜之时，君臣一体，都俞吁咈于一堂之上；文王自朝至于日中昃，不遑暇食，万世称为圣明之君。今观宪宗之勤政如此，亦可谓知君道者，宜其能削平僭乱，所向归服，有光于前烈也。

【注】 本则出自《资治通鉴·唐纪五十四·卷二三八》，此事发生于元和七年（812）。旰（gàn）：晚。都俞吁咈：皆为古汉语叹词，都，表示赞美；俞，表示同意；吁，表示不同意；咈，表示反对；本以表示尧、舜等讨论政事时发言的语气，后用以赞美君臣论政问答，融洽雍睦的场景。李绛：唐朝中期宰相，辅佐唐宪宗实现"元和中兴"。昃：太阳偏西。前烈：祖先。

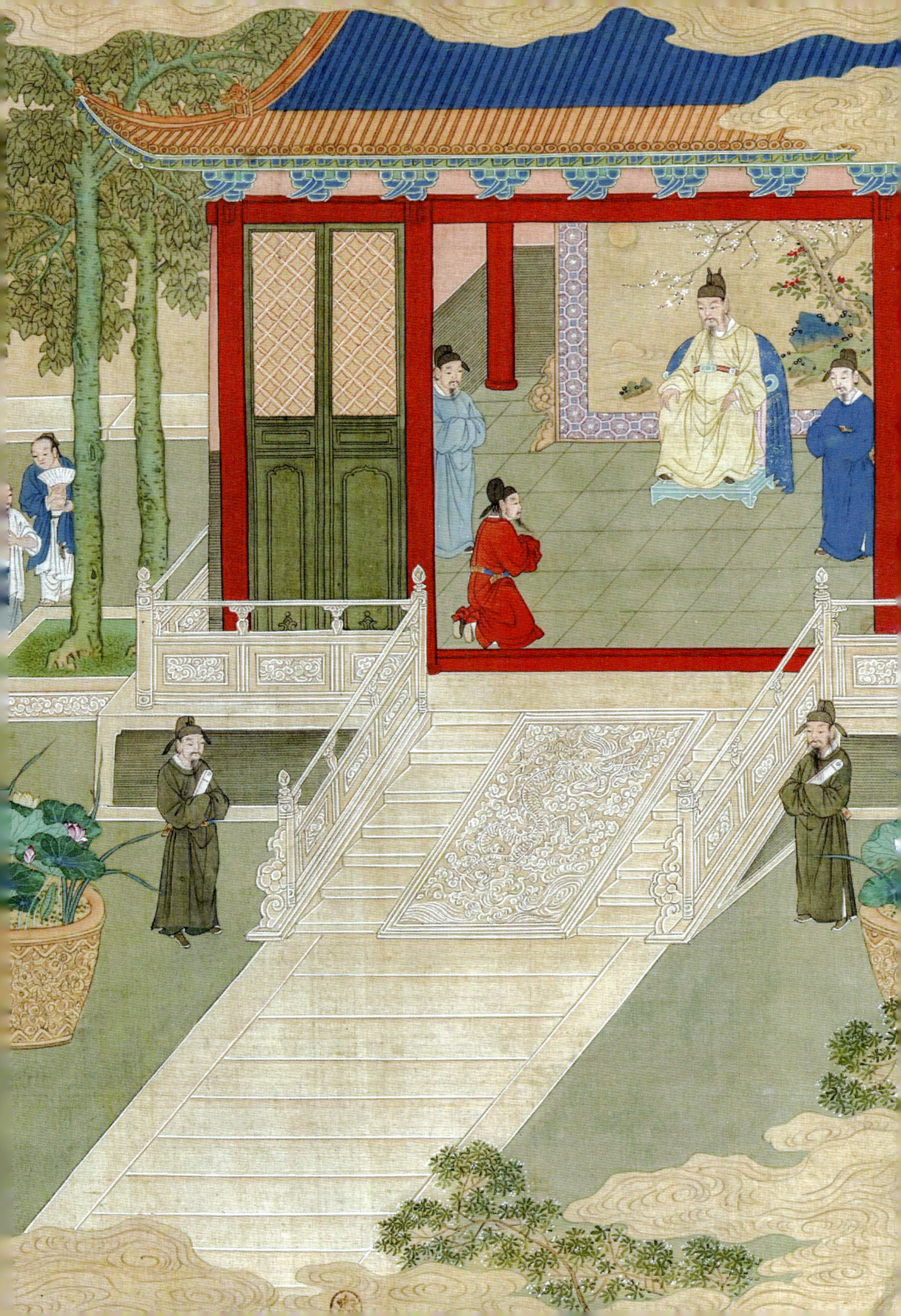

淮蔡成功

淮蔡成功 62 唐宪宗

解 唐史上，记淮西节度使吴元济造反，宪宗命将发兵，去征剿他。当时诸道节度使，多有元济的党羽；朝中宰相李逢吉，也与元济交通，多替他游说，奏请罢兵。惟有御史中丞裴度，晓得淮西决然可取，力劝宪宗讨贼。宪宗说："我只消用裴度一人，就足以破此贼，决不罢兵。"遂用裴度做宰相。讨贼甚急，出兵已经二年，还未见成功。裴度自愿亲往淮西营里督战，宪宗大喜，就命他充淮西宣慰招讨使。裴度临行辞朝，面奏说："臣此去若能灭贼，才有回来朝见之期；若此贼不灭，臣义在必死，终无归阙之日矣！"宪宗听说，不觉为他流涕，因解自家束的通天犀带一条赐他，以宠其行。裴度既到淮西，宣谕朝廷的威令，催诸将进兵讨贼。于是，诸将人人效力，每战有功，遂擒元济。

淮西用兵，凡累年而不克，群臣请罢兵者甚众。若非宪宗之明，独断于上；裴度之忠，力赞于下，则淮西几无成功矣。所以，韩愈奉诏撰《平淮西碑》纪功，其词有云："凡此蔡功，惟断乃成。"盖美宪宗之能断而成功也。然则人君欲定大事，建大功，岂可以不断哉！

【注】 本则出自《资治通鉴·唐纪五十六·卷二四〇》，此事发生于元和十二年（817）。裴度：唐中期宰相，辅佐唐宪宗实现"元和中兴"。阙：皇帝居处，借指朝廷。通天御带：饰有通天犀的御带。

唐史

纪吴元济反淮西，宪宗命发兵讨之。是时诸道节度使及宰相李逢吉，皆与元济交通，多请罢兵，惟裴度力主讨贼之议。上曰："吾用度一人，足破此贼。"遂以度为相。师累岁无功，度请自诣行营，上许之。度陛辞，言曰："臣若灭贼，则朝天有期；贼在，则归阙无日。"上为之流涕，解通天御带以赐之。度至淮西，身自督战，由是诸将效力。李愬夜袭蔡州，擒元济，淮西遂平。韩愈奉诏撰《平淮西碑》曰："凡此蔡功，惟断乃成。"

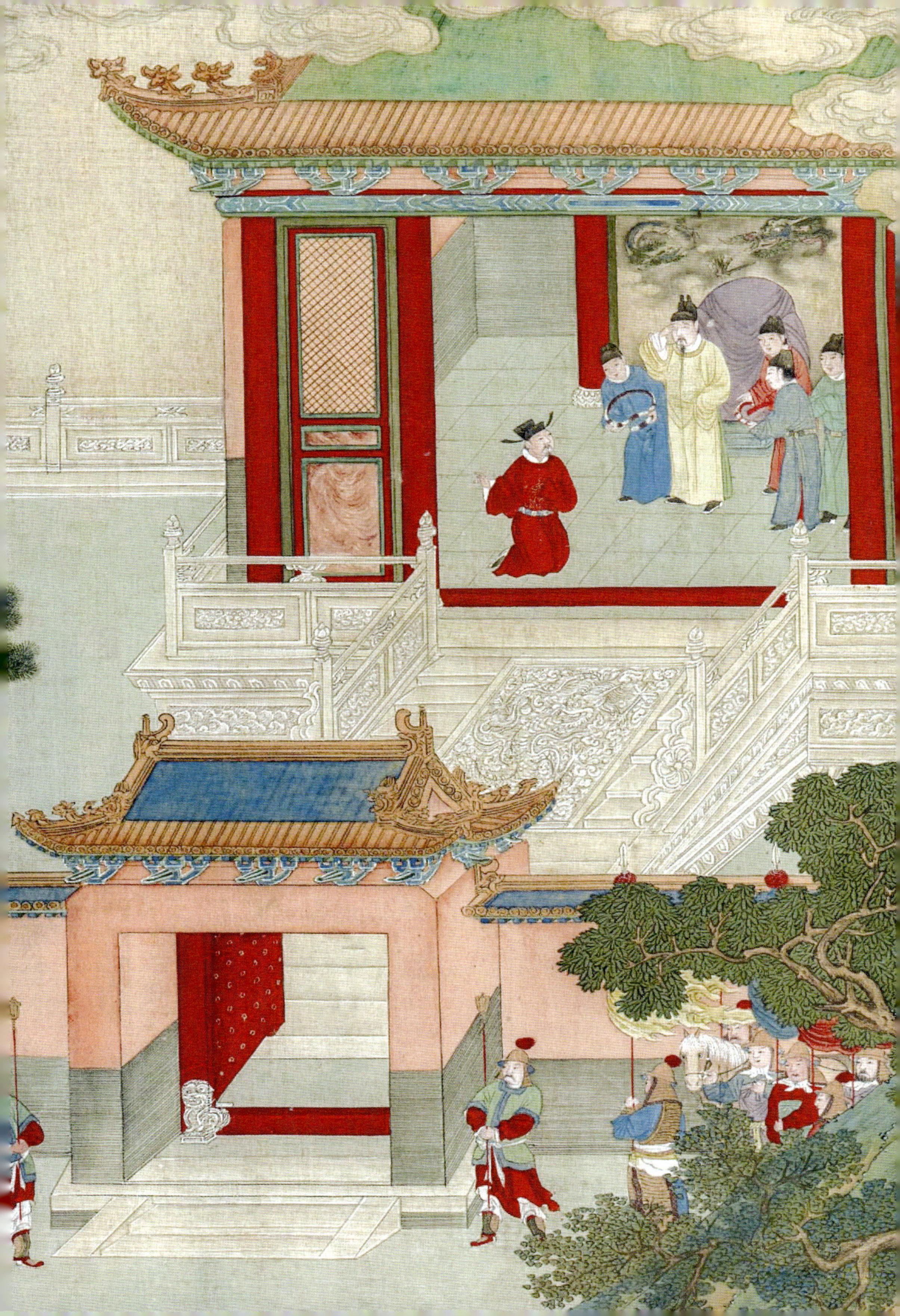

論字知諫

论字知谏 63 唐穆宗

唐史纪穆宗见翰林学士柳公权书,独爱之,问曰:"卿书何能如是之善?"对曰:"用笔在心,心正则笔正。"上默然改容,知其以笔谏也。

解 唐史上,记穆宗性好写字,见翰林学士柳公权写的字好,爱之,问说:"卿写的如何能这等好?"公权对说:"写字虽在手,用笔实在心;心里端正,则笔画自然端正。"公权是个贤臣,因穆宗问他书法,就说在心上,见得凡事都从心里做出来。况人君一心,万化本源,若不是涵养的十分纯正,发出来的政事,岂能一一停当合理?这正是以笔讽谏。穆宗是个聪明之君,就知他是以笔谏。闻之,默然改容起敬,可谓善悟矣!

若能体贴此言,真真实实务正其心,常用着柳公权这样人做辅弼之臣,少有阙失,随事箴规,岂不成一代之明君乎?

【注】本则出自《新唐书·柳公权传》。穆宗:李恒(795—824),原名李宥,唐朝第十二位皇帝(820—824在位)。柳公权:唐代大书法家,自创"柳体",与颜真卿齐名,人称"颜柳",又与欧阳询、颜真卿、赵孟頫并称"楷书四大家"。

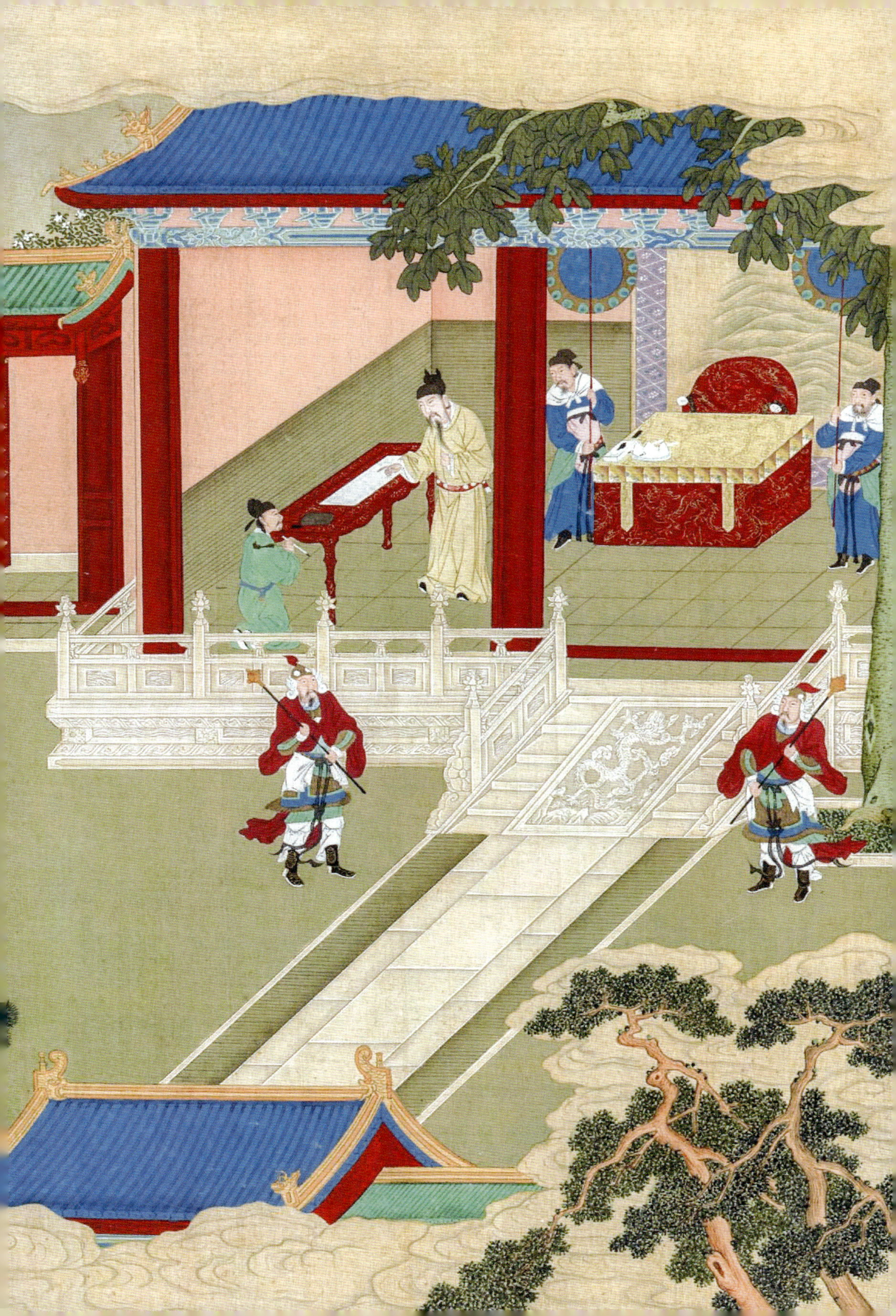

屏书政要

屏书政要 64 唐宣宗

唐史纪宣宗尝以太宗所撰《金镜录》，授翰林学士令狐绹使读之，至"乱未尝不任不肖，治未尝不任忠贤"，上止之，曰："凡求致太平，当以此言为首。"又书《贞观政要》于屏风，每正色拱手而读之。

解 唐史上，记宣宗有志法祖图治，他的祖——太宗，曾将前代治乱兴亡的事迹，编成一书，叫做《金镜录》。宣宗一日将这部书授与翰林学士令狐绹，着他在面前诵读。这书中有两句说道："乱未尝不任不肖，治未尝不任忠贤。"说古来天下因甚么就乱亡，只为朝廷错任用了那不好的人，他心心念念罔上行私，行的都是蠹国殃民的事。用了这样人，天下安得不乱？天下因甚么就平治，只为朝廷能任用着那忠良之臣，他心心念念竭忠事主，行的都是要富国利民的事。若常用这样人，天下安得不治？宣宗听得令狐绹读到这两句言语，喜其切中事理，就止住他且莫读，说道："大凡人君要求致太平，须要把这两句说话做第一件紧关的事，着实审察，辨别其孰为君子，孰为小人。果然是奸邪的小人，就当斥远了他；果然是忠贤的君子，就当专心信任他。天下岂有不太平的道理？"又见他先朝有《贞观政要》一书，是当年史臣吴兢编载太宗与贤臣魏徵等图治的事迹，遂把来写在屏风上，常时正色拱手，一一诵读，盖以为师法而效仿之也。

夫观宣宗留心法祖图治，其切如此，真近代帝王盛事！所以当时称为小太宗，岂虚也哉！

【注】本则故事出自《资治通鉴·唐纪六十四·卷二四八》,此事发生于大中二年(848)。宣宗:李忱(810—859),初名李怡,唐朝第十六位皇帝(846—859在位)。令狐绹:晚唐时期宰相。

焚香讀疏

焚香读疏 65 唐宣宗

唐史纪宣宗乐闻规谏。凡谏官论事，门下封驳，苟合于理，常屈意从之。得大臣章疏，必焚香盥手而读。

解 唐史上，记宣宗励精求治，乐闻臣下箴规谏诤之言。凡谏官议论政事，及门下省给事中等官，遇诏敕之出，以为不可而论驳封还者；苟所论所驳有合于理，则自己虽以为是，亦每屈己意以从之，未尝偏执。每得大臣所奏的章疏，必焚香洗手，致其诚敬，而后展读。

夫忠言逆耳，庸主所不乐闻。然使规谏尝闻，则政事无缺，实可乐也。宣宗乐于闻谏，屈己从人，可谓明矣！至于大臣，涉历既多，虑事尤熟，又非庶官之比，故读其章疏，必加诚敬。盖诚敬，则精神收敛；精神收敛，则意见精详，可以察其言之当否，以为施用非徒敬其章疏而已也。宣宗图治若此，故大中之政，人思咏之，以为继美太宗，岂不足为贤君哉！

【注】 本则出自《资治通鉴·唐纪六十五·卷二四九》，此事发生于大中十一年（857）。门下：指门下省，唐时设中书、门下、尚书三省，中书出令，门下封驳，尚书行政。门下省长官称侍中，或称纳言、左相、黄门监，其下有黄门侍郎、给事中、散骑常侍、谏议大夫、起居郎等官，有封驳之权，对诏敕认为不当者，驳正封还。

上篇　圣哲芳规

敬受母教

敬受母教 66 宋太祖

宋史

纪太祖尊母南郡夫人杜氏为皇太后，太祖拜殿上，群臣称贺，后愀然不乐。左右进曰：『臣闻母以子贵，今子为天子，胡为不乐？』后曰：『吾闻"为君难"，天子置身兆庶之上，若治得其道，则此位可尊。苟或失驭，求为匹夫不可得。是吾所以忧也。』太祖再拜，曰：『谨受教！』

解 宋史上，记太祖既即帝位，尊母杜氏为皇太后。太祖拜上尊号，群臣皆称贺，太后愀然有忧愁不乐之色。左右之人问说："臣闻母以子贵，今子既为天子，太后天子之母，其贵无以加矣！何故反有不乐？"太后说："吾闻古人说'为君难'，盖为天子者，置其身于亿兆众庶之上，若治之有道，则民皆爱戴，而尊位可以常保。倘或治失其道，以致兆庶离叛，则虽求为匹夫，亦不可得矣！今我子虽为天子，吾方忧天位之难居，岂可以为乐乎？"

太后这说话，虽是告群臣，实有儆戒太祖之意。故太祖即再拜谢，说："谨当受教。"自是，即位之后，夙夜畏惧，窒欲防非，重道崇儒，缓刑尚德，以忠厚立国，推赤心置人。故能削平僭乱，创业垂统。於戏，若宋太祖者，可谓大孝矣！

【注】 本则出自《宋史·后妃列传·太祖母昭宪杜太后·卷二四二》。太祖：赵匡胤（927—976），宋朝开国皇帝（960—976在位）。愀然：忧愁的样子。兆庶：即兆民，指百姓。窒欲：抑制欲望。垂统：把基业留传下去，多指皇位的承袭。於戏（wūhū）：同"呜呼"。

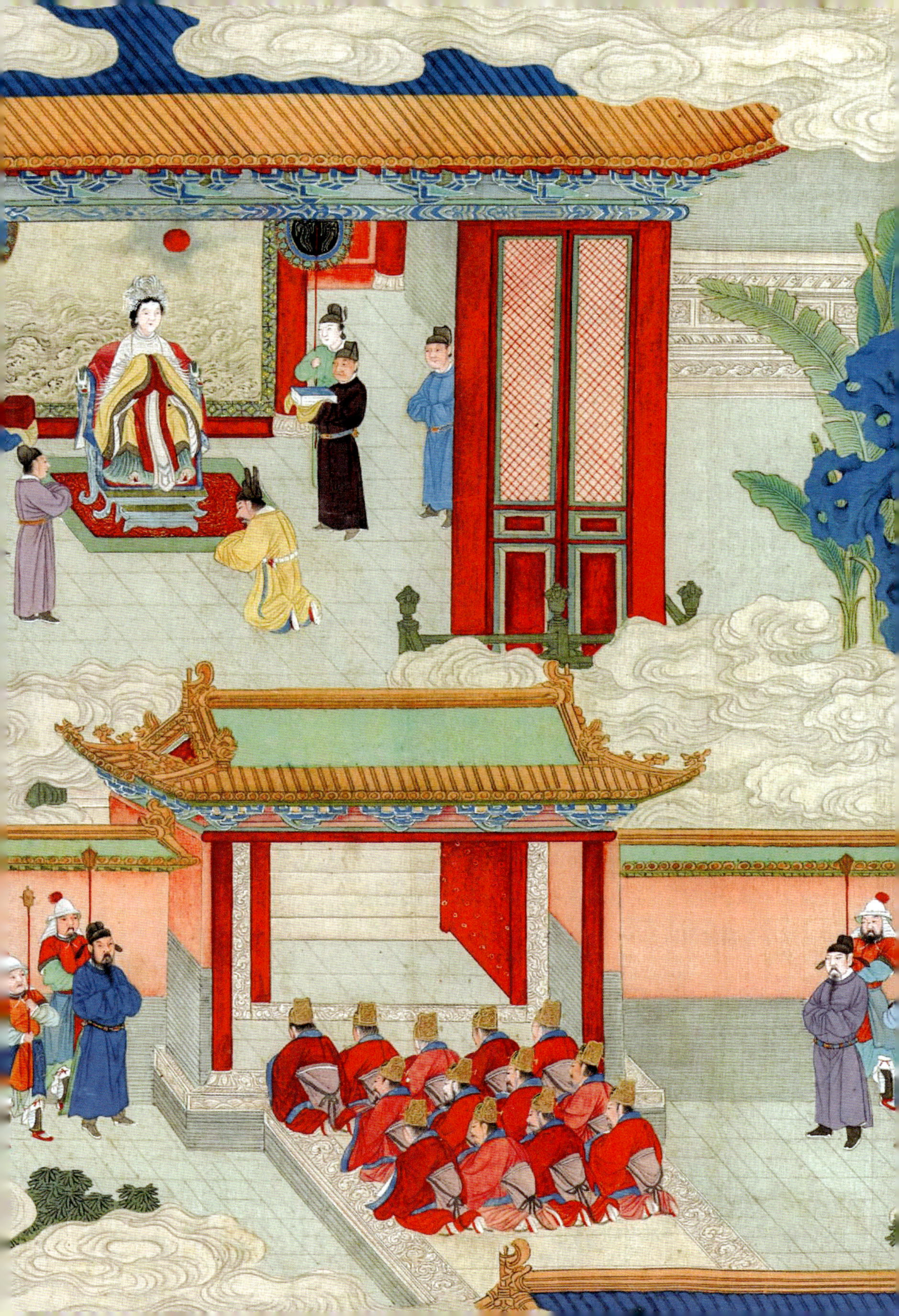

解裘赐将

解裘赐将 67 宋太祖

宋史

纪王全斌之伐蜀也,属汴京大雪,太祖设毡帏于讲武殿,衣紫貂裘,帽以视事。忽谓左右曰:"我被服如此,体尚觉寒,念征西将士,冲冒霜雪,何以堪处?"即解裘帽,遣中使驰赐全斌,仍谕诸将曰:"不能遍及也!"全斌拜赐感泣,故所向有功。

解 宋史上,记太祖遣大将王全斌帅师征蜀。时冬月天寒,京城大雪,太祖设毡帏于讲武殿中,身穿着紫貂裘,头戴着紫貂帽,临朝视事。忽然谓左右说:"我穿戴这般样温暖的物,身上尚觉寒冷,想那西征的将士,冲冒霜雪,又无有这样衣服,怎么当得这等寒冷?"即时将所服的裘帽解下,遣中使马上赍去赐与全斌,又晓谕他部下的将士,说:"诸将寒苦,朝廷无不在念,奈裘帽有限,不能人人遍及也。"于是全斌拜受赐物,感激泪下。诸将皆感激,相与戮力图报,故所向皆捷,卒能平定蜀。

夫宋太祖有解衣之恩,及于将帅,遂能得其死力,成功如此。可见人主要边将成大功,不可不体其情,厚其赏,以劝之也。

【注】本则故事出自《续资治通鉴长编·卷五》,此事发生于宋太祖乾德二年(964)。属(zhǔ):恰好遇到。视事:处理政事。毡帏:兽毛制成的毡片帐幕。被服:穿戴。赍:送。

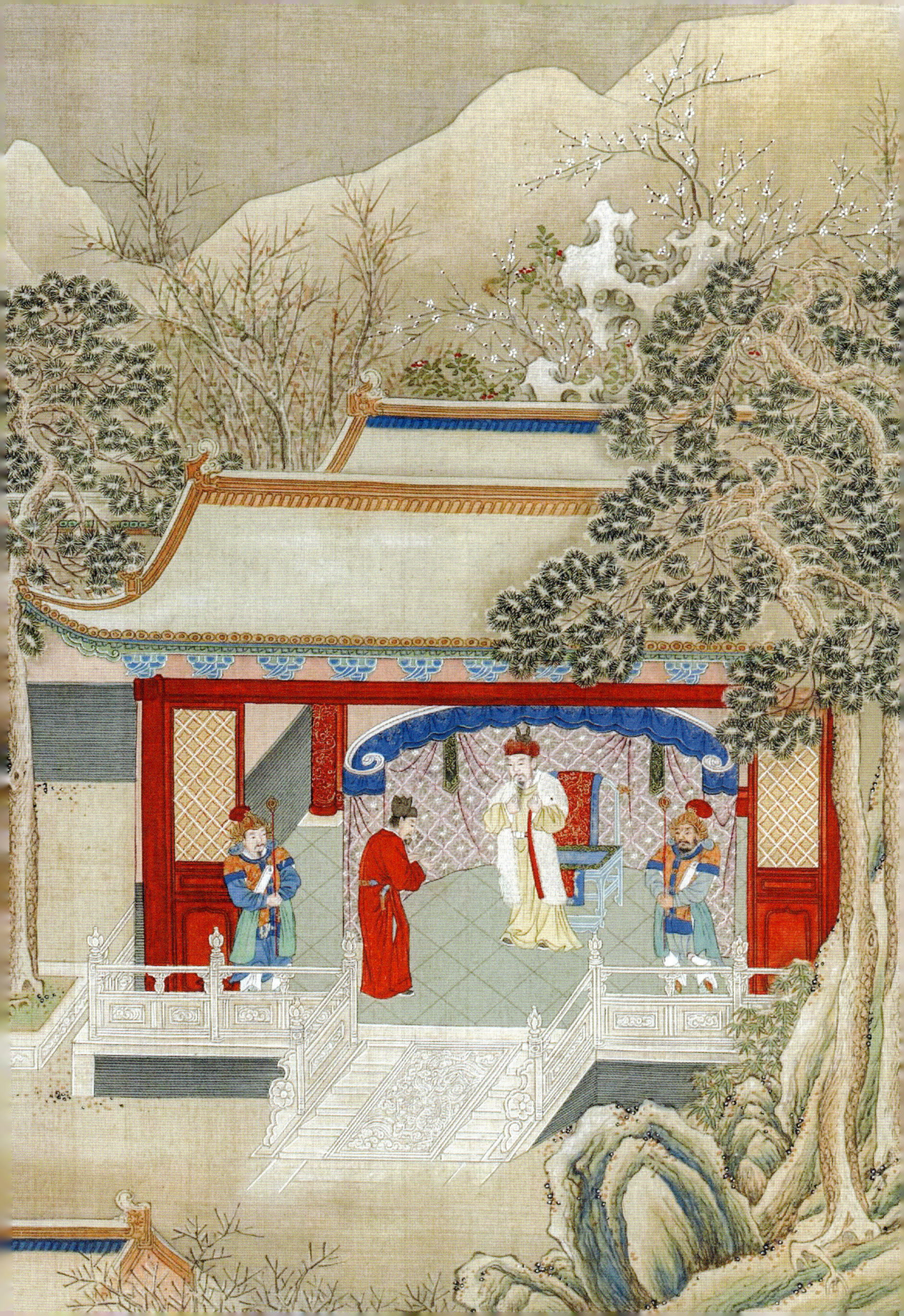

碎七寶器

碎七宝器 68 宋太祖

宋史纪太祖尝见蜀主孟昶宝装溺器，命撞碎之，曰："汝以七宝饬此，当以何器贮食？所为如是，不亡何待！"

解 宋史上，记太祖平蜀之后，曾见蜀主孟昶有一个溺器，是七样宝贝装成的。太祖见了大怒，命左右打碎之，说道："七宝是珍贵之物，就做饮食之器也是奢侈不该的！汝却把来装饰溺器，不知又用何等的器皿去盛饮食？其侈用暴殄，一至于此，欲家国不至败亡，岂可得乎？"

夫太祖为创业之君，其言真足以垂戒万世！人君推此，件件都该崇尚朴素，乃为爱惜福禄，保守国家之道也。

【注】本则出自元·脱脱《宋史·太祖本纪·卷三》。溺器：小便容器，俗称尿壶、夜壶。饬：同"饰"，巧饰。暴殄：任意浪费。

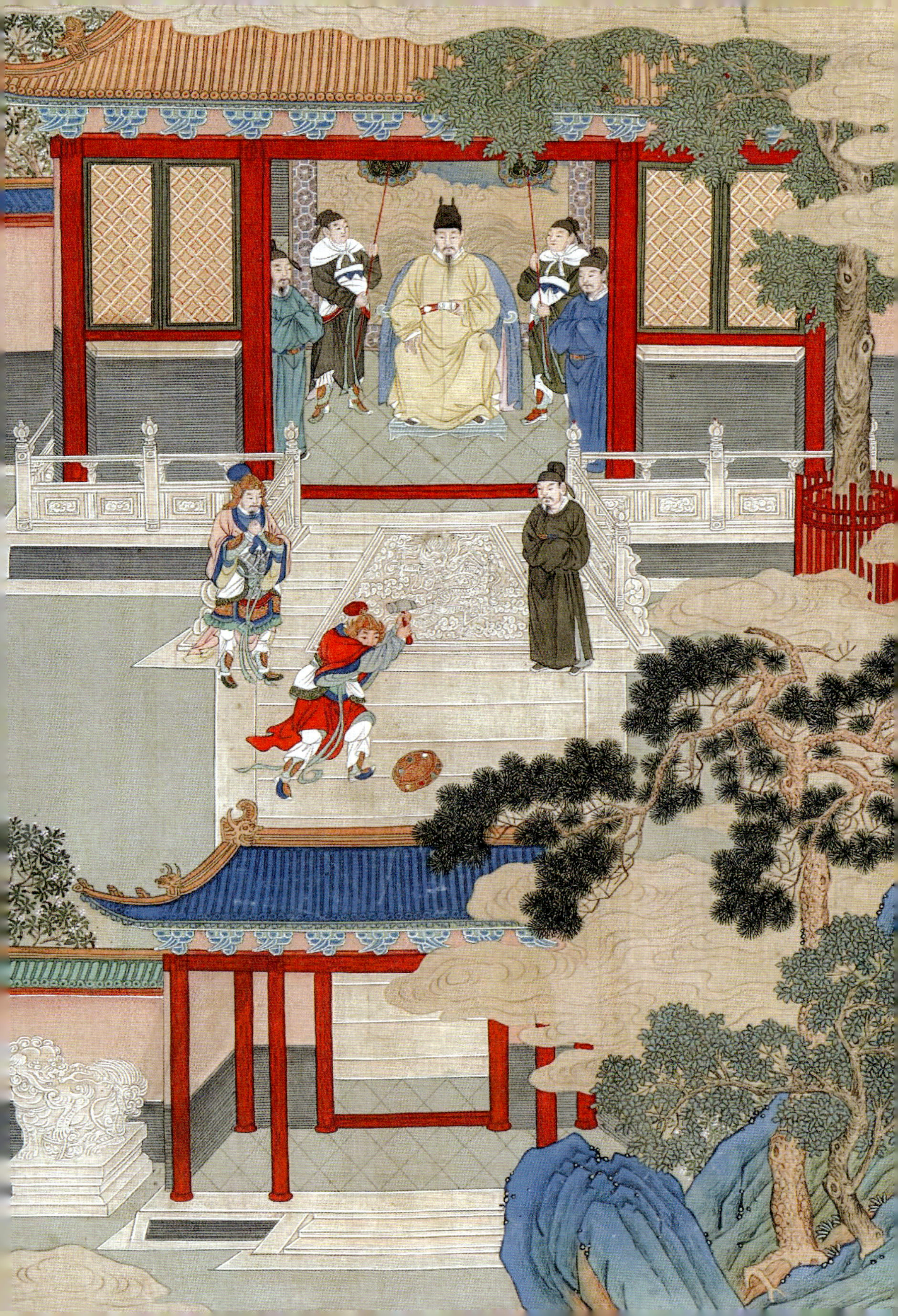

受言書屏

受言书屏 69 宋太祖

《宋史》纪太祖征处士王昭素为国子博士，召见便殿，年七十余矣。令讲乾卦，至九五"飞龙在天"，昭素援引证据，因示讽谏微旨。太祖大悦，问治世养身之术。对曰："治世莫若爱民，养身莫若寡欲。"太祖爱其言，书于屏几。

解 宋史上，记太祖之时，有个处士姓王名昭素，太祖素知他有学行，征聘他来做国子监博士。既至，召他进见于便殿，此时昭素年七十余岁矣。太祖命他讲《易经》的乾卦，至第五爻"飞龙在天"，乃是人君之象。昭素讲论君道，援引古时帝王以为证据，遂阴寓讽、动劝谏的意。太祖见他忠直，大喜悦他，就问他治天下与养身的道理。昭素对说："治天下，莫如爱恤百姓；养身体，莫如寡少嗜欲。"盖民为邦本，本固则邦宁，故治国之道，莫如爱民也；欲为身之害，害少则身安，故养身之道，莫如寡欲也。太祖爱他说得有理，将这两句言语，书于屏风及几案上，欲时时警省，不致遗忘也。

然寡欲爱民，固皆致治之要；而寡欲一言，又为爱民之本。盖自古百姓不安，皆因人主多欲。或好兴土木，或恣意声色，或妄开边衅，或求珍奇玩好之奉，或耽驰聘游幸之娱，此等事，皆不免伤民之财，劳民之力。上之所欲无穷，下之所需难继，以致海内骚然，百姓怨叛，而君身不可保矣！以是知人主必爱身，乃可以爱民；而安百姓，亦所以安其身也。

【注】 本则出自宋·李焘《续资治通鉴长编·卷一一》，此事发生于开宝三年（970）。王昭素：宋代学者，精研老庄、《诗经》和《易经》。处士：有德才而隐居的读书人。便殿：别殿，一般是皇帝宴饮休息的宫殿。

上篇　圣哲芳规

戒主衣翠

戒主衣翠 70 宋太祖

宋史

纪永庆公主尝衣贴绣铺翠襦入宫中，太祖谓曰："汝当以此与我，自今勿复为此饰。"公主笑曰："此所用翠羽几何？"太祖曰："不然。主家服此，宫闱戚里必相效。京城翠羽价高，小民逐利，展转贩易，伤生浸广，实汝之由。汝生长富贵，当念惜福，岂可造此恶业之端？"公主惭谢。

解 宋史上，记太祖的女永庆公主，曾穿一领贴金铺翠的襦（襦，短衣也）入宫中。太祖嫌其奢侈，向公主说道："汝可解此襦与我，自今以后，再不要如此装饰。"公主笑说："此襦所用翠羽几多，而官家以为过费？"太祖说道："我之意非专为汝一襦而惜也。主家既穿此衣，宫中妃嫔，及皇亲贵戚每看见，必都相仿效，所用翠羽必多，京城中翠羽之价必贵。百姓每逐利，见此物可以取利，必然都去捕捉那翠鸟，展转贩卖，杀生害命，皆汝此衣有以致之，其罪过多矣。汝生长富贵，不知艰苦，须当思爱惜受用，以图长久。岂可造此恶业之端，自损己福耶？"公主见太祖说得激切，乃惶恐谢罪。

夫宫闱之好尚，系四方之观法。古语说道："宫中好高髻，四方高一尺。宫中好广眉，四方且半额。宫中好大袖，四方至匹帛。"言好尚之不可不慎也。若宫闱之中，服饰华丽，用度奢侈，则天下化之，渐以成风，坏风俗，耗财用，折福损寿，其害有不可胜言者矣，岂但如宋祖所谓戕害物命而已哉！大抵创业之君，阅历艰辛，唯恐享用太过，后世子孙，且有鄙而笑之者矣！吁！可不戒哉！

【注】本则出自《续资治通鉴长编·卷一三》。永庆公主：宋太祖赵匡胤第三女。主家：公主之家，指代公主。浸：逐渐。展转：即辗转。恶业：佛教用语，谓出于身、口、意三者的坏事、坏话、坏心等。"宫中好高髻……四方至匹帛"：改编自《乐府诗集·城中谣》，原诗为："城中好高髻，四方高一尺。城中好广眉，四方且牛额。城中好大袖，四方全匹帛。"

竟日觀書

竟日觀書 71 宋太宗

《宋史》纪太宗勤于谈书,自巳至申,然后释卷。诏史馆修《太平御览》一千卷,日进三卷。宋琪以劳瘁为谏,帝曰:"开卷有益,不为劳也。朕欲周岁读遍是书耳。"每暇日,则问侍读吕文仲以经义,侍书王著以笔法,葛湍以字学。

【解】 宋史上,记太宗勤于读书,每日从巳时看书起,直到申时,然后,放下书卷。诏史馆儒臣,采辑古今事迹,纂修成一书,叫做《太平御览》,共有一千卷,每日进三卷,太宗观览,日日如此。其臣宋琪以看书勤苦,恐劳圣体为劝。太宗说:"天下古今义理,尽载书卷中,但开卷观看,就使人启发聪明,增长识见,极有进益。虽每日读书,自是心里喜好,不为劳苦也。朕要一年之内,读完这一千卷书,故须一日三卷,乃可读完耳。"每遇闲暇无事日还不肯错过,就召翰林侍读吕文仲,问他以经书上的义理;召侍书王著,问他以写字的笔法;召葛湍,问他以字学训解。

夫自古圣人虽聪明出于天赋,莫不资学问以成德。盖古今治乱兴衰,天下民情物理,必博观经史,乃可周知;必勤于访问,乃能通晓。故明君以务学为急,正为此也。观宋太宗勤学好问,不以为劳。若此,其能为太平令主,而弘开文运之盛,有由然哉!

【注】 本则出自《续资治通鉴长编·卷二四》,此事发生于太平兴国八年(983)。太宗:赵光义(939—997),宋朝第二位皇帝(976—997在位)。《太平御览》:宋代著名的类书,为北宋李昉、李穆、徐铉等学者奉敕编纂,该书始于太平兴国二年(977)三月,成书于太平兴国八年十月,一共千卷。宋琪:北宋宰相。王著:北宋书法家。字学:小学,即文字学。

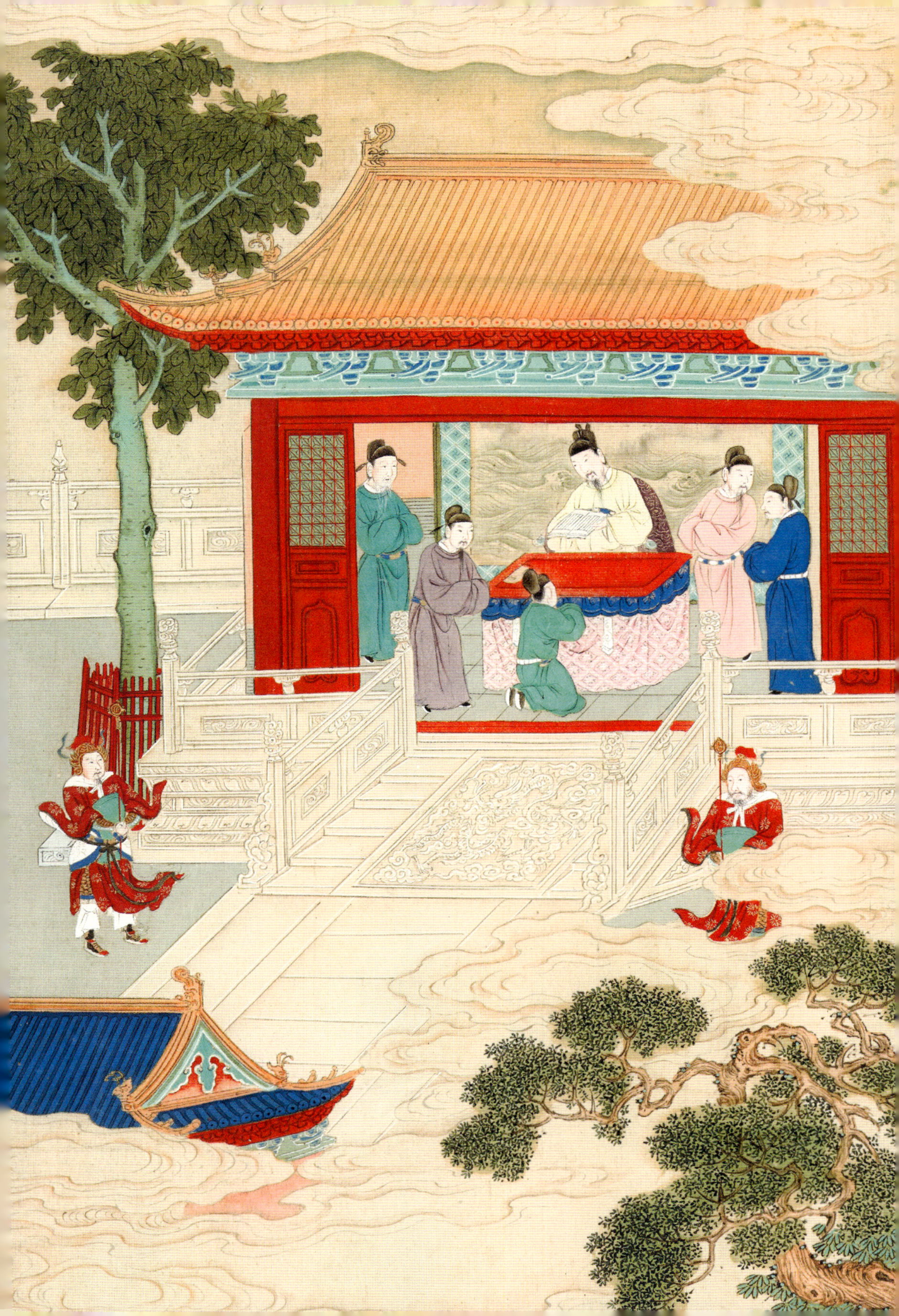

引衣容直

引衣容直 72 宋太宗

宋史

纪寇準为枢密直学士，尝奏事殿中，语不合，太宗怒起。準辄引帝衣，请复坐，事决乃退。太宗嘉之曰：「朕得寇準，犹文皇之得魏徵也。」

解 宋史上，记宋太宗以寇准为枢密院直学士。寇准为人忠直敢言，一日奏事殿上，不合太宗的意思，太宗发怒起去，欲罢朝回宫。寇准即上去扯住太宗的袍服，请太宗复还御座，决断其事，务要听其言才罢。太宗见他这般鲠直，反嘉美他说道："朕得寇准，如唐太宗之得魏徵也。"

夫人臣奏事忤旨，至于牵引上衣，以尽其说。为君者若不谅他忠直之心，必以为不敬而怒斥之矣！今太宗不惟不斥，且叹美之，其容人之度如此，所以能使臣下尽言，政事少过，而为宋之贤君也。如太宗者，真无愧于文皇矣！

【注】 本则出自《宋史·寇准传》。寇准：北宋政治家，真宗朝曾任宰相，曾力主真宗亲征，使宋辽双方订立"澶渊之盟"。文皇：指唐太宗李世民，因其死后谥"文武大圣皇帝"。

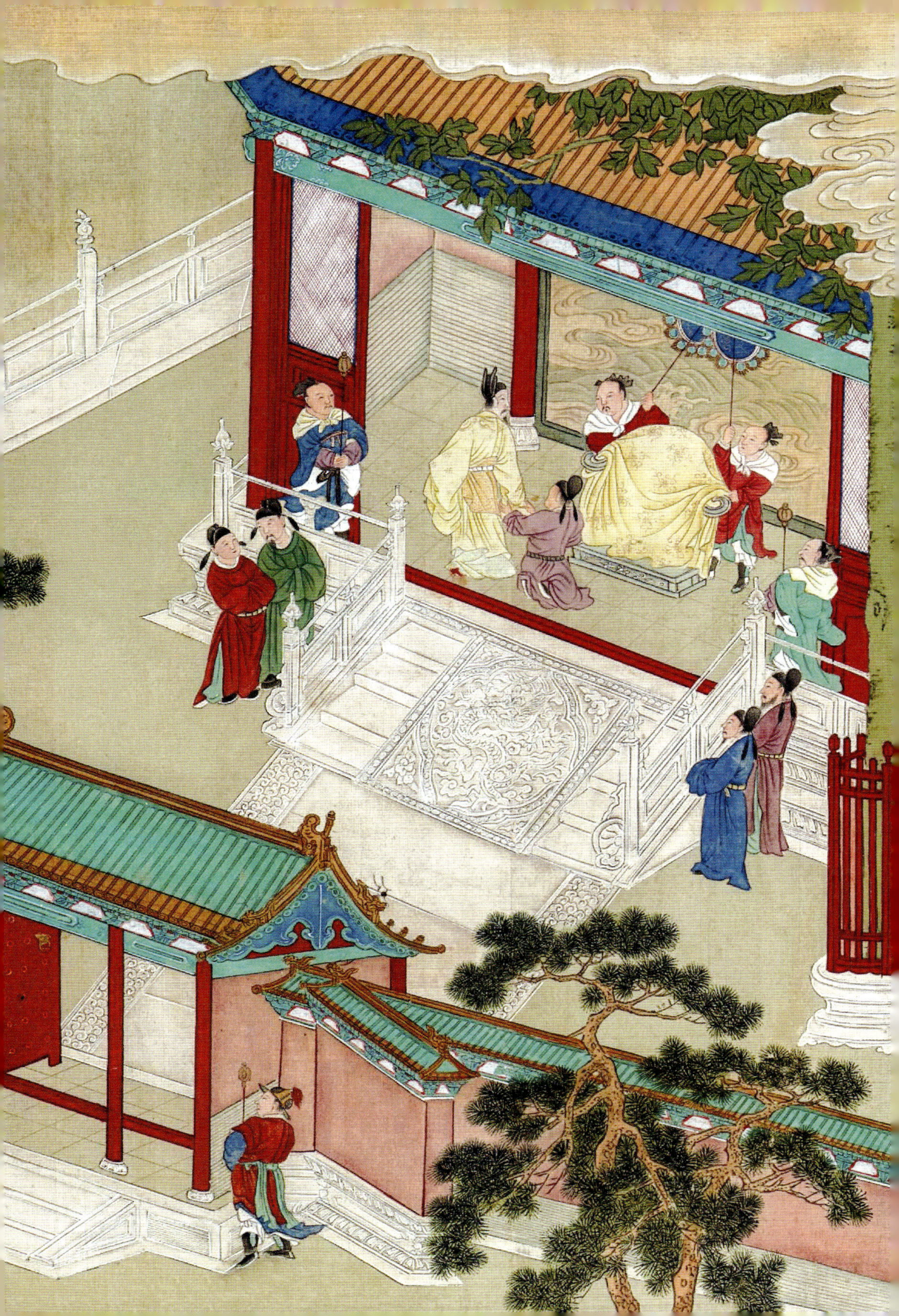

改容聽講

改容听讲 73 宋仁宗

宋史

纪仁宗初年，宰相王曾，以帝初即位，宜近师儒。乃请御崇政殿西阁，召侍讲学士孙奭、直学士冯元讲《论语》。初诏双日御经筵，自是虽只日，亦召侍臣讲读。帝在经筵，或左右瞻瞩，及容体不正，奭即拱立不讲。帝为竦然改听。

解 宋史上，记仁宗初年，宰相王曾以帝新即位，当亲近师儒之官，读书勤学，以涵养圣德。乃请临御崇政殿西阁，召侍讲学士孙奭、直学士冯元进讲《论语》。起初，定以双日御筵，后来以学问不宜间断，虽是单日也召侍臣讲读。帝在经筵讲读时，或偶然左右观看别处，或容体少有不端，孙奭即端拱而立，停住不讲。盖恐帝心不在书上，虽讲无益也。仁宗见奭这等诚恳，那怠惰的意思即时收敛，为之竦然改听。

夫仁宗天资本是粹美，又有贤宰相辅导向学，当时讲官复尽心开发，一些不肯放过。仁宗能敬信而听从之，所以养成盛德，恭俭仁恕，始终如一，而为有宋一代之贤君也。

【注】 本则出自《宋史·王曾列传》及《孙奭列传》。仁宗：赵祯（1010—1063），宋朝第四位皇帝（1022—1063在位）。王曾：北宋名相、诗人。孙奭（shì）：北宋时期大臣，龙图阁学士。冯元：师从崔颐正、孙奭，精研五经大义。只日：单日。端拱：正身拱手，指庄重不苟。

上篇　圣哲芳规

受无逸图

受无逸图 74 宋仁宗

宋史纪龙图阁学士孙奭,尝画《书·无逸》为图以进。上命施于讲读阁。及作迩英、延义二阁成,又命蔡襄写《无逸篇》于屏。

解 宋史上,记仁宗时,有龙图阁学士孙奭,日侍讲读。每至前代治乱,必反覆规讽。尝取《书经·无逸篇》中所载古帝王勤政恤民的事迹,画作一图,叫做《无逸图》,进上仁宗,欲其知所法也。仁宗喜之,命挂在讲读阁里,日日观览。其后,新造迩英、延义二阁成,又命馆阁校勘蔡襄,把《无逸》一篇写在二阁之屏上,使随处皆得观览。

夫《无逸》一书,乃周公告成王的话,大意欲成王知稼穑、勤政事,兢兢业业,不敢自安。能如此,则福祚绵长;不如此,则寿命短促。因举商中宗、高宗、祖甲、周太王、王季、文王以为法,商纣以为戒,其言深切恳至,实万世人主之龟鉴也。仁宗既受孙奭之图,又命蔡襄书之,盖必有味其言矣!则其观后苑之麦、忍中夜之饥,孰非自此书中得来,所以明君以务学为急。

【注】本则出自《续资治通鉴长编·卷一一〇》。蔡襄:北宋名臣,书法家,龙图阁学士。后苑之麦:详见后文"后苑观麦"篇。

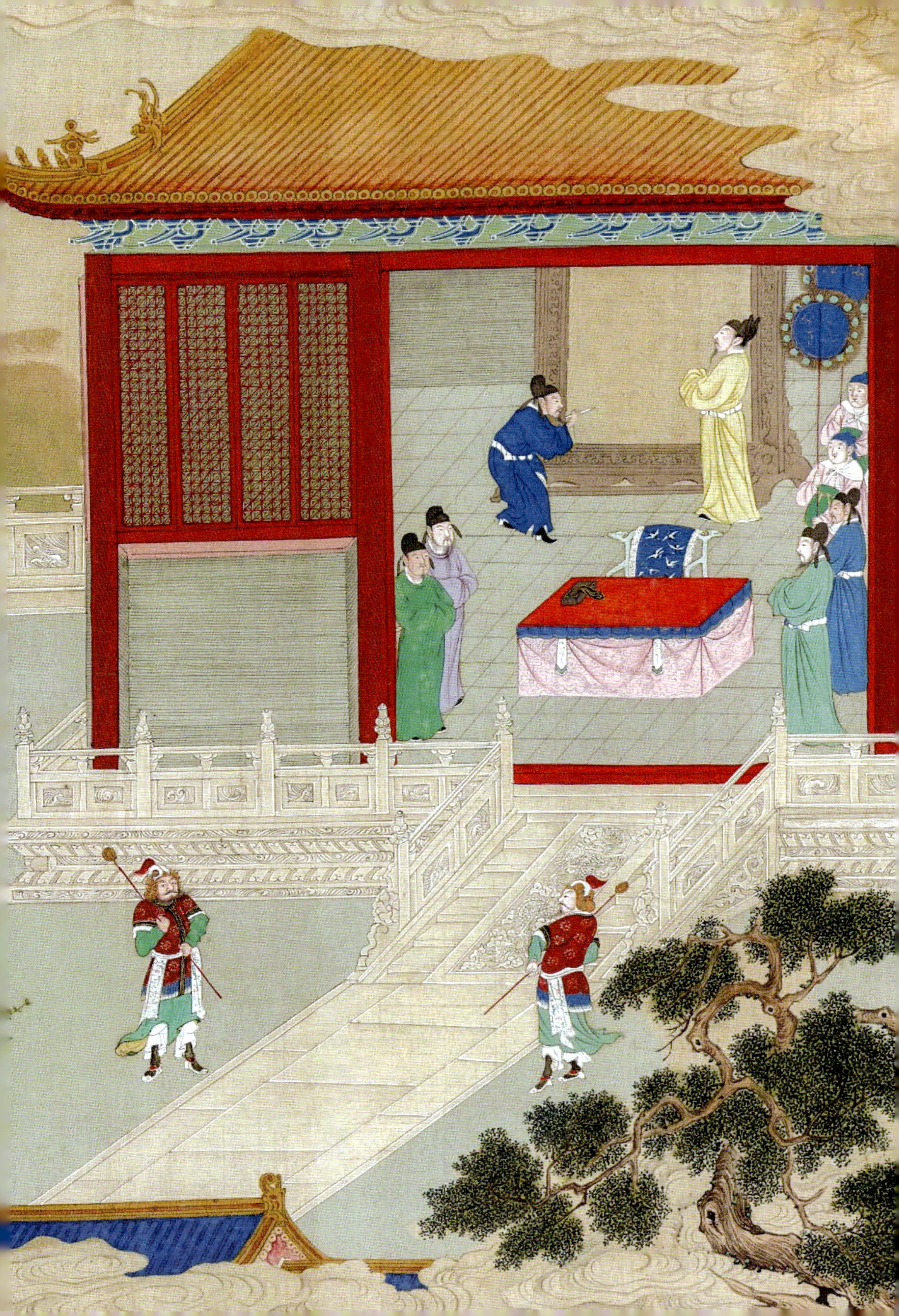

不喜珠饰

不喜珠饰 75 宋仁宗

宋史

纪仁宗宫中，颇好珠饰，京师珠价腾涌。上患之。一日上在别殿，妃嫔毕集，所幸张贵妃至，首饰皆珠。上望见，举袖掩面，曰："满头白纷纷地，没些忌讳。"贵妃惭，起易之，上乃悦。自是禁中更不戴珠，珠价大减。

解 宋史上，记仁宗时，宫中人好以珠为首饰，采买者多，因此京师中珍珠登时涨起价来。仁宗恐宫中相尚不已，风俗趋于侈靡，思量要革他。一日在别殿上游赏，诸妃嫔每都在左右，有个宠幸的张贵妃到来，头上的头饰都是珍珠。仁宗望见，故意把袖子遮了脸不看他，说道："满头插得白纷纷地，近于不祥之象，好没些忌讳。"张贵妃惭愧，慌忙退去，摘下珍珠首饰，换了别样首饰来，仁宗方才喜悦。从此宫中人只说仁宗厌忌此物，再不敢戴他，京师里珠价登时大减。

夫珠玉珍宝，饥不可食，寒不可衣，而铢两之间，其价不赀，糜费民财，以供一时之玩，何益于用？故明君贵五谷而贱珠玉，盖不以无益害有用也。然亦系于人主之好尚何如，观仁宗一言，而珠价顿减，岂待于法制禁令哉？

【注】 本则出自宋·胡仔《苕溪渔隐丛话》，清·毕沅《续资治通鉴·卷一四五》亦有载。铢两：二十四铢等于一两，可见分量之轻。不赀：无法计量，表示耗财较多。

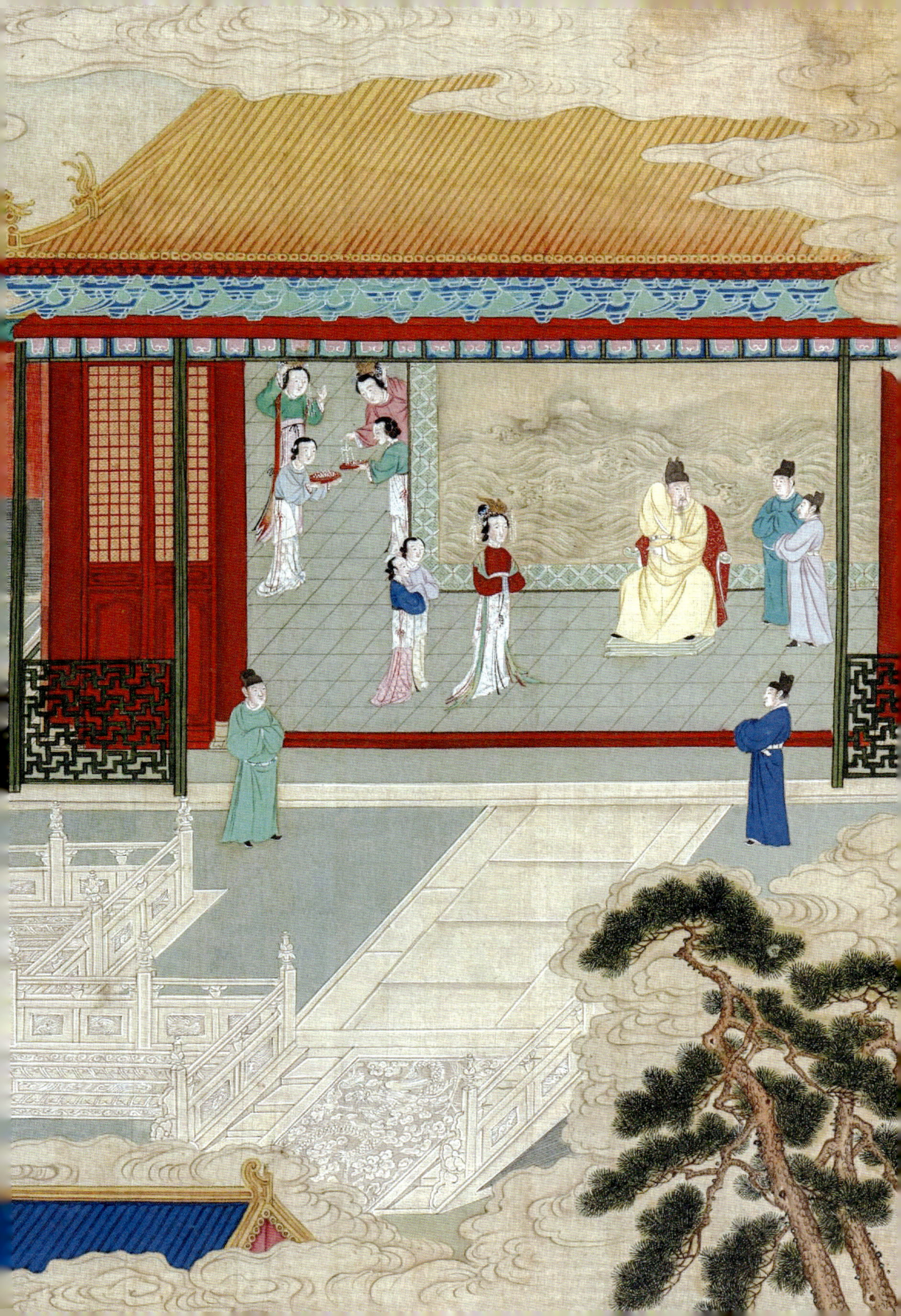

纳谏遣女

纳谏遣女 76 宋仁宗

【解】 宋史上，记仁宗时，王德用判定州，曾取两个女子献入后宫，以悦仁宗之心，仁宗就收留在后宫，这是仁宗差处。那时谏官王素闻知，即奏此女不可收留，劝仁宗去之。仁宗笑对王素说："朕乃真宗之子，卿乃宰相王旦之子，卿父辅佐我父皇，君臣相得，则朕与卿有世好之旧，与别的群臣不同，只得实与卿说，这两个女子委的是王德用进的，但朕已误纳，现在左右服事了，如何去得？"王素奏说："陛下以此女在左右为不可去，不知臣之所忧，正恐此女在陛下左右，蛊惑圣心，有累圣德，所以劝陛下去之耳。"仁宗一闻此言，遂自悟其失，竦然动容，即时命宫官打发二女出宫。王素奏说："陛下既已听臣言，少待陛下还宫从容遣之，亦无妨，何必如此急遽？"仁宗说道："待我还宫时，万一此女有留恋不肯去的意思，我那时为情所牵，恐也遣他不成了，不如趁今遣之为易。"少时，宫官来奏，二女子已出内东门去讫，仁宗方才退朝。

夫宫禁之事，乃人主之所讳言，而房帏之爱，又人情之所牵恋。今仁宗既纳二女，已经进御，一旦闻王素之谏，即开诚直告，略无回互，割舍所爱，不少迟留，可谓从谏之速，而改过之勇矣。此真盛德事也！

【注】 本则出自《宋史·王素列传》。王德用：北宋大将，人称"黑王相公"。王旦：北宋名臣。世旧：世交旧谊。

宋史

纪仁宗时，王德用进二女。王素论之，上笑曰：'朕真宗子，卿王旦子，有世旧，非他人比，德用实进女，然已在朕左右，奈何？'素曰：'臣之忧正恐在陛下左右耳。'上动容，立命宫官遣女。素曰：'陛下既不弃臣言，亦何遽也？'上曰：'朕若见其人留恋不肯行，恐亦不能出矣。'顷之，宫官奏宫女已出内东门，上乃起。

上篇　圣哲芳规

天章召见

天章召见 77 宋仁宗

宋史

纪仁宗幸龙图天章阁，以手诏问辅臣及御史中丞以上时政阙失，皆给笔札，令即坐以对。时翰林学士张方平条对四事，帝览奏惊异，诘旦更赐手札，问诏所不及者。侍御史何郯，乞诏两制臣僚，自今有闻朝政阙失，并许上章论列，帝嘉纳之。

解 宋史上，记仁宗曾临幸龙图天章阁，召见辅弼大臣，及御史中丞以上，因出手诏，问诸臣以时政欠阙差失处，都给与纸笔，着他就坐上开写以对。当时诸臣皆有奏答，唯翰林学士张方平，条答"汰冗兵、退剩员、慎磨勘、择将帅"四事，帝见其所言，切于治道，深加惊叹。明日早，又赐手敕，询问他昨日诏书上所不及的事，着他一一奏来。又有侍御史何郯上言，翰林管内外制文的诸臣，原是为备顾问而设，乞诏谕他，今后但是朝政有阙失，得于见闻之真者，并许他上疏论列，直言无隐，以助圣化。仁宗因何郯说的有理，也欣然从之。

盖仁宗求治之心甚切，故引见群臣，面加咨询，使之条对，惟恐忠谋谠论不得上达。及闻张方平等直言，又复虚心延访，嘉奖听受，所以那时朝政修举，海内治平，为宋朝守成之令主也。

【注】 本则出自《续资治通鉴长编·卷一六三》，此事发生于庆历八年（1048）。两制：唐、宋翰林学士受皇帝之命，起草诏令，称为内制；中书舍人与他官加知制诰衔者为中书门下撰拟诏令，称为外制；翰林学士与中书舍人合称两制。剩员：多余的人员。磨勘：唐宋时官员考绩升迁的制度。谠论：正直之言。

上篇　圣哲芳规

夜止燒羊

夜止燒羊 78 宋仁宗

宋史

纪仁宗尝语近臣：「昨因不寐而饥，思食烧羊。」曰：「何不取索？」曰：「恐遂为例，可不忍一夕之饥，而启无穷之杀。」或献蛤蜊二十八枚，枚千钱，曰：「一下箸费二十八千，吾不堪也。」

解 宋史上，记仁宗一日对近臣说："朕昨夜因睡不着，腹中觉饥，想些烧的羊肉吃。"近臣因问说："何不令人取进？"仁宗说："恐膳房因此遂为定例，夜夜要办下烧羊，以备取用，则伤害物命必多，岂可恣口腹之欲，不忍一夕之饥，而忍于戕害无穷之生命乎！"因此遂止。又一日有献蛤蜊二十八枚者，说一枚价值钱千文，仁宗说："这一下箸之间，就费了二万八千文钱，似此享用无度，我岂能堪？"遂不受其献。

仁宗在宋朝最为仁厚之主，观其不忍害物如此，则其不忍于伤民可知。故能致治升平，而享祚悠久也。

【注】本则出自北宋·魏泰《东山笔录·卷一》。恣：放纵。享祚：享用皇位。

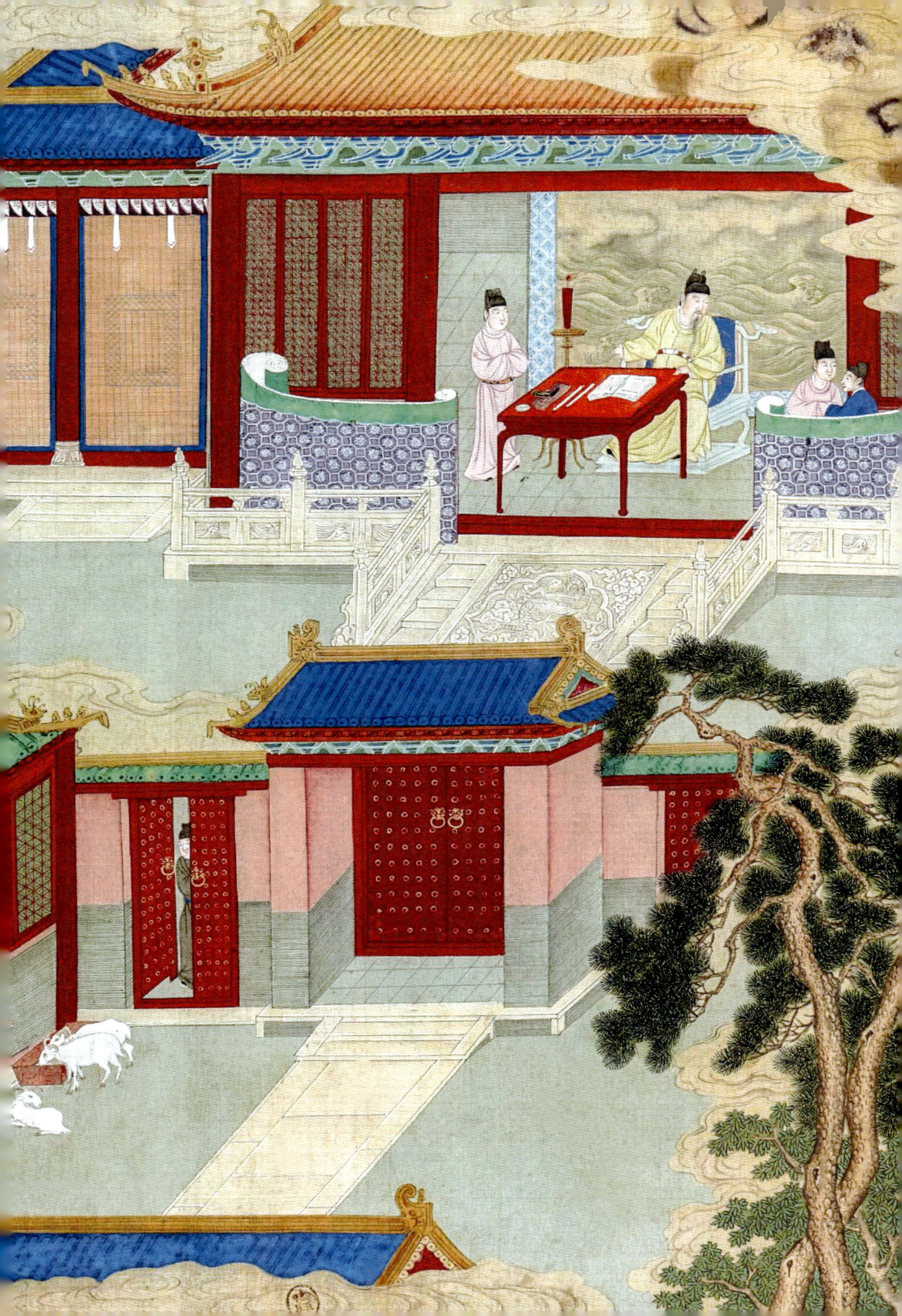

后苑觀麥

后苑观麦 79 宋仁宗

宋史纪仁宗幸后苑，御宝岐殿观刈麦，谓辅臣曰："朕作此殿，不欲植花卉而岁以种麦，庶知稼穑之不易也。"

解 宋史上，记仁宗留意农事，宫中后苑里有空地，都使人种麦，又于其地建一小殿，名叫宝岐殿。麦一茎双穗谓之岐，此丰年之祥，最宜宝重，故以为殿名。每年麦熟时，仁宗亲自临幸后苑，坐宝岐殿看人割麦，谕随驾的辅臣说道："宫殿前似当栽植花卉，以供赏玩；今朕造此殿，独不种花卉，但年年种麦，此是何故？盖以我深居九重，无由知稼穑之艰难，所以种麦于此，要看他耕种耘锄，庶几农家之苦，时时在吾目中也。"

大抵四民中，惟农为最苦，春耕夏耘，早作暮息，四体焦枯，终岁勤动，还有不得一饱食者。古人有诗云："锄禾日当午，汗滴禾下土。谁知盘中餐，粒粒皆辛苦。"真可谓格言矣。古之贤君知此，所以极其悯念民力为赈恤，而民卒受其福，后世人主生长富贵，不知稼穑为何物，荒淫佚乐，惟恐不暇，而何暇恤农也。仁宗以天子之尊，亲临农民之事，知惓惓于稼穑如此，则其恭俭仁恕，卓越近代，不亦宜乎！

【注】 本则出自《续资治通鉴长编·卷一六六》，此事发生于皇祐元年（1049）。刈：割。"锄禾日当午……粒粒皆辛苦"：此为唐·李绅《悯农》一诗。

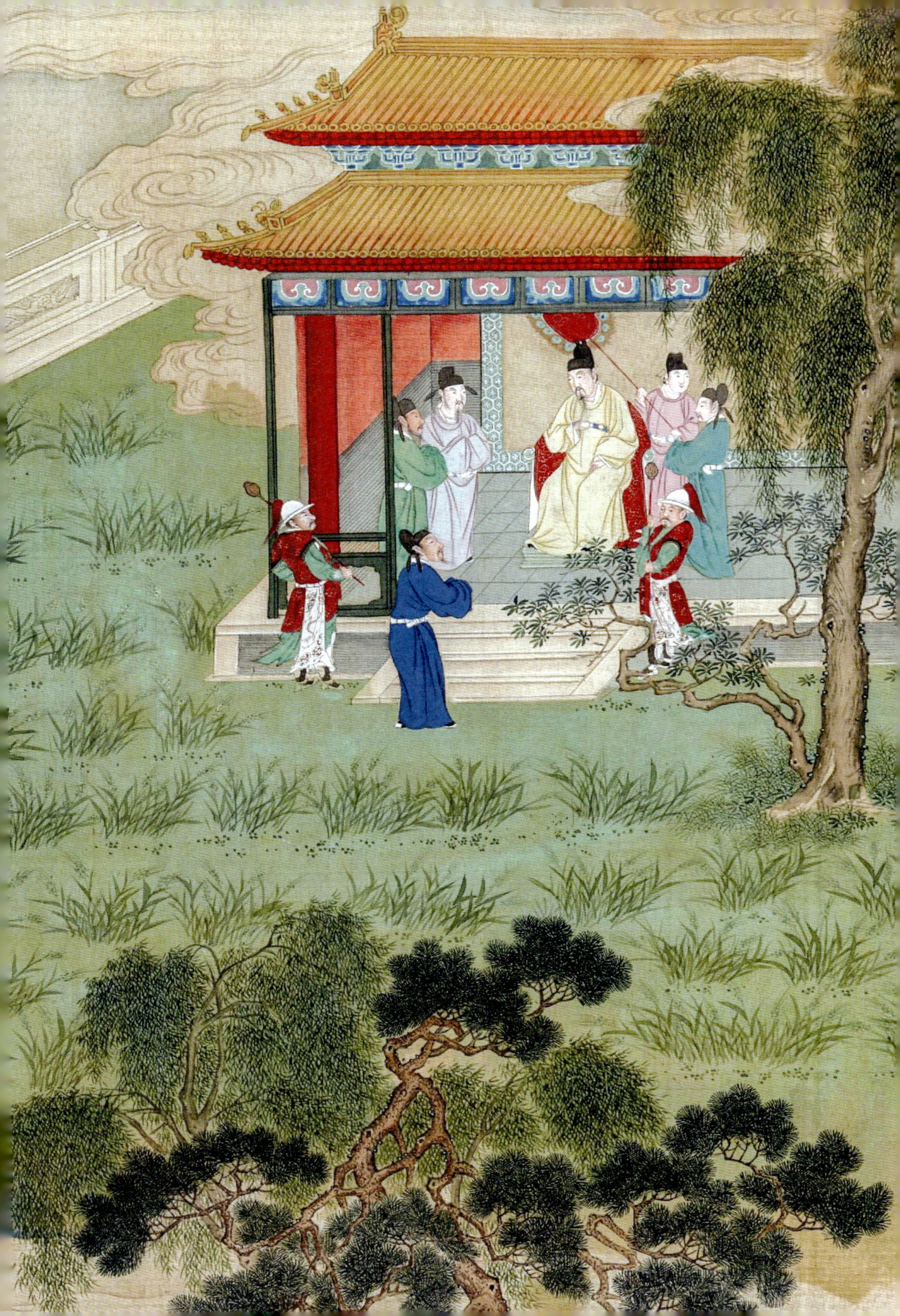

轸念流民

轸念流民 80 宋神宗

宋史

纪神宗时东北大旱，诏求直言，郑侠上《流民图》。疏奏，帝反覆观图，长吁数四，袖以入内，是夕寝不能寐。翌日遂命开封体勘新法不便者，凡十有八事，罢之，民间欢呼相贺。是日果大雨，远近沾洽。

解 宋史上，记神宗时，行了王安石的新法，扰害百姓，民不聊生；到熙宁七年间，天又大旱，年岁饥荒，东北一带的百姓都流移转徙，死亡离散，其艰难困苦之状，实为可怜。那时有一个官是光州司法参军，叫做郑侠，因考满赴京，在路上看见那流民的模样，心甚不忍，说道："小民这等穷苦，朝廷如何知道？"乃照那样子画一本图形，叫做《流民图》。其中有采树叶、掘草根充饥的；有衣衫破碎，沿途讨吃的；有饿死在沟渠的，有扶老携幼流移趁食的；有恋土不去，被在官公人比较差徭、拷打枷锁的；有拆屋卸房、鬻儿卖女变价纳官的……一一都画将出来。至京之日，将这图本进在御前，奏说："只因新法不善，致得百姓这等，伤了天地的和气，所以久旱不雨。如今要天降雨，需是把新法革去不行才好。"神宗将此图反复看了几遍，才晓得新法之害与民间之苦如此，甚是感伤懊悔，长叹数回，袖了入宫，一夜不能睡着。到明日，传旨着在京开封府官，查那新法为民害者共有一十八件，都罢革不行。当时京城内外的百姓，听说如此，以为从此得生，人人欢呼相庆。即日天果大雨，处处田苗俱各沾濡充足。

夫人君一去敝政，便能感动天地如此，可见为民祈祷者，在实政，不在虚文，而祖宗旧法慎不可轻变也。

【注】本则出自《宋史·郑侠传》。 神宗：赵顼（1048—1085），北宋第六位皇帝（1067—1085在位）。 数四：多次。 体勘：探察。 沾洽：雨水充足，有普遍受惠的意思。 比较：指旧时官府征收钱粮、缉拿人犯等，立有期限，至期不能完成，须受责罚，然后再限日完成。

燭送詞臣

烛送词臣 81 宋哲宗

宋史

纪苏轼为翰林学士，尝宿禁中，召见便殿。太皇太后问曰："卿今何官？"对曰："待罪翰林。"曰："何以遽至此？"对曰："遭遇太皇太后、皇帝陛下。"曰："非也，此先帝意也。先帝每诵卿文章，必叹曰'奇才、奇才'，但未及进用卿耳。"轼不觉哭失声，太皇太后与帝亦泣，左右皆感涕。已而命坐赐茶，撤御前金莲烛送归院。

解 宋史上，记苏轼在神宗时，被小人排抑，一向贬谪在外，至哲宗登极，才取他做翰林学士。宋朝翰林院设在禁中，每夜有学士一员轮流直宿，以备不时顾问。有一夜遇苏轼该直，哲宗的祖母太皇太后与哲宗同御便殿宣苏轼入见。太皇太后问苏轼："卿如今做什么官？"苏轼对说："待罪翰林学士。"谓之"待罪"者，说他不称此官，惟待罪责而已，谦词也。太皇太后又问："学士是美官，卿一向流落江湖，怎能勾到此地位？"苏轼乃归恩于上，说道："臣幸遭遇太皇太后及皇帝陛下见知，故得到此耳。"太皇太后说："非我用卿，乃先帝神宗意也。先帝每读卿的奏疏文章，必赞美说'奇才、奇才'，不久先帝遂晏驾，故未及用卿耳。今我用卿为此官，实承先帝之意也。"苏轼因此追感先帝知遇，不觉痛哭失声。太皇太后与哲宗也相向而泣，那时左右内臣，也都感伤流涕。太皇太后赐苏轼坐，又赐他茶吃，将退时，撤御前的金莲烛送他归院。

看那时人君接见臣下，问答从容，礼数款洽，蔼然如家人父子一般，所以为臣的感激主恩，不觉悲泣。君臣间是何等景象！史称宋家以忠厚立国，又言其竟得尊贤敬士之报，岂不信矣！

【注】本则出自《宋史·苏轼列传》。 苏轼：北宋著名文学家、书画家，"唐宋八大家"之一，"宋四家"之一。 先帝：宋神宗。 太皇太后：指宋英宗（1063—1067在位）的皇后高滔滔（1032—1093），宋神宗的母亲，神宗死后，立哲宗，哲宗年幼，以太皇太后身份临朝称制。 帝：指宋哲宗赵煦（1077—1100），原名赵佣，宋朝第七位皇帝（1085—1100在位）。

上篇后记

　　右善可为法者八十一事，臣等既论次终篇，乃作而叹曰：嗟乎！孟轲称："五百年而后有王者兴。"传曰："千年一圣，犹旦暮也。"讵不信哉！夫自尧舜以至于今，代更几世，主更几姓矣，而其可取者，三十余君而已。中间又或单举一善，节取一节，究其终始，尚多可议。其完善烁懿、卓然可为世表者，才什一耳，可不谓难哉！

　　天佑我明，圣神继作。臣等尝伏读我祖宗列圣《实录》，仰稽创守鸿规，则前史所称圣哲之事，无一不备者。略举其概：如二祖之开基靖难，身致太平，则尧、舜、汤、武功德兼焉；典则贻休，谟烈垂后，则汉纲唐目，巨细具焉。昭皇帝之洪慈肆宥，培植国脉，则解网、泽骨之仁也。章皇帝之稽古右文，励精图治，则弘文、延英之轨也。睿皇帝之聘礼处士，访问治道，则蒲轮、玄纁之举也。纯皇帝之亲爱诸王，厚遇邸邸，则敦睦友于之风也。敬皇帝之延见群臣，曲纳谠直，则揭器止辇之明也。肃皇帝之心存敬一，治本农桑，则《丹书》《无逸》之箴也。皇考穆宗庄皇帝之躬修玄默、服戎怀远，则垂衣、舞干之化也。其他片言之善，一事之美，又不可以殚述。盖明兴才二百余年，而圣贤之君，已不啻六七作矣。以是方内乂安，四夷宾服，重熙袭洽，迭耀弥光，致治之美，振古罕俪焉。猗欤休哉！岂非乾坤光岳之气，独钟于昭代；河清里社之兆，并应于今日哉！

《诗》云："下武维周，世有哲王。王配于京，世德作求。"我明世德盖轶有周而特盛矣。今皇上睿哲挺生，膺期抚运，又将觐光扬烈，以远追二帝三王之治焉。臣等何幸，躬逢其盛！

【注】

二祖：明太祖朱元璋（1368—1398在位）、明成祖朱棣（1404—1442在位）。昭皇帝：明仁宗朱高炽（1424—1425在位）。章皇帝：明宣宗朱瞻基（1425—1435在位）。睿皇帝：明英宗朱祁镇（1435—1449、1457—1464在位）。纯皇帝：明宪宗朱见深（1464—1487在位）。敬皇帝：明孝宗朱祐樘（1487—1505在位）。肃皇帝：明世宗朱厚熜（1521—1567在位）。庄皇帝：明穆宗朱载垕（1566—1572在位）。下武维周……世德作求：出自《诗经·大雅·下武》。二帝三王：二帝指唐尧、虞舜；三王，三代王，即夏禹、商汤、周文王（或周武王）。

轍覆

下篇

狂愚覆轍

愚狂

游畋失位

游畋失位 01 夏太康

夏史纪太康即位，荒逸，弗恤国事。畋猎于洛水之表，十旬弗返。有穷后羿，因民之怨，拒之于河，弗许归国。厥弟五人，作歌以怨之。太康失国，居阳夏。

解 夏史上，记太康即位，荒于逸乐，不以国事为念，只好在外面打猎，巡游于河南地方洛水之外，流连百日，不肯回还。把朝廷政事都荒废了，把百姓禾稼都践踏了，民皆嗟怨。当时，有一个臣，叫做后羿，极善射。因民之怨，率领军马，手持弓矢，拒之于河上，不要他归国。其弟五人，恨他荒淫无道，坏了祖宗的基业。于是，作诗五章，称述其祖大禹的训词以怨之，谓之《五子之歌》。太康毕竟不得归国，居于阳夏之地而死。

夫太康为启之子，启能继禹之道，贤圣之主也。再传太康，止以好尚游畋一事，遂至失国，父祖之德泽，皆不足恃矣。吁！可畏哉！

【注】 本则出自《尚书·夏书·五子之歌》。太康：姒姓，夏后氏，名太康，启长子，夏朝第三任后（夏朝君王在位称后，去世称王）。恤：操心。后羿（约前1998—前1940）：又称夷羿、羿，夏朝东夷有穷氏首领；与五帝时期的神话人物、帝尧的射师、嫦娥的丈夫之后羿不是同一个人。厥：其。《五子之歌》：见《尚书·夏书·五子之歌》："其一曰：'皇祖有训，民可近，不可下。民惟邦本，本固邦宁。予视天下，愚夫愚妇，一能胜予。一人三失，怨岂在明，不见是图。予临兆民，懔乎若朽索之驭六马。为人上者，奈何不敬！'其二曰：'训有之内作色荒，外作禽荒。甘酒嗜音，峻宇雕墙。有一于此，未或不亡。'其三曰：'惟彼陶唐，有此冀方。今失厥道，乱其纪纲，乃厎灭亡。'其四曰：'明明我祖，万邦之君，有典有则，贻厥子孙。关石和钧，王府则有，荒坠厥绪，覆宗绝祀。'其五曰：'呜呼！曷归！予怀之悲。万姓仇予，予将畴依。郁陶乎予心，颜厚有忸怩。弗慎厥德，虽悔可追。'"

下篇　狂愚覆轍

脯林酒池

脯林酒池 02 夏桀王

夏史

纪桀伐有施氏，得妹喜。喜有宠，所言皆从，为瑶台、象廊。殚百姓之财，为肉山脯林。酒池可以运船，糟堤可以望十里，一鼓而牛饮者三千人。妹喜笑，以为乐。

解 夏史上，记夏桀无道，不修德政，因征伐有施氏之国。有施氏进了个美女，叫做妹喜。桀甚是宠爱他，说的言语，无不听从。造为琼台、象廊，极其华丽，竭尽了百姓的财力。又性嗜酒，放纵。不但自家酣饮，将各样禽兽之肉堆积如山；烹烤为脯者，悬挂如林。凿个大池注酒，池中可以行船；积糟为堤，其长可望十里；击鼓一通，则齐到池边，低头就饮，如牛之饮水者三千人。桀与妹喜欢笑，以此为乐。朝政之废可知矣。

夫桀之始祖大禹，卑宫室，恶衣服，克勤克俭，因饮酒而甘，遂疏造酒之仪狄，何等忧深虑远，辛勤创业。而桀乃放纵如此，不亡何待！后六百年，又有商纣，亦为肉林酒池，亦亡商国。嗜酒之祸，可鉴也哉！

【注】 本则出自《淮南子·本经训》。桀（？—前1600年）：姒姓，夏后氏，名癸，谥号桀，史称夏桀，夏朝最后一位君主，有名的暴君。妹喜：姓嬉（喜），亦作妹喜、妹嬉、末喜、末嬉，有施氏之女，夏桀的王后。脯：肉干。

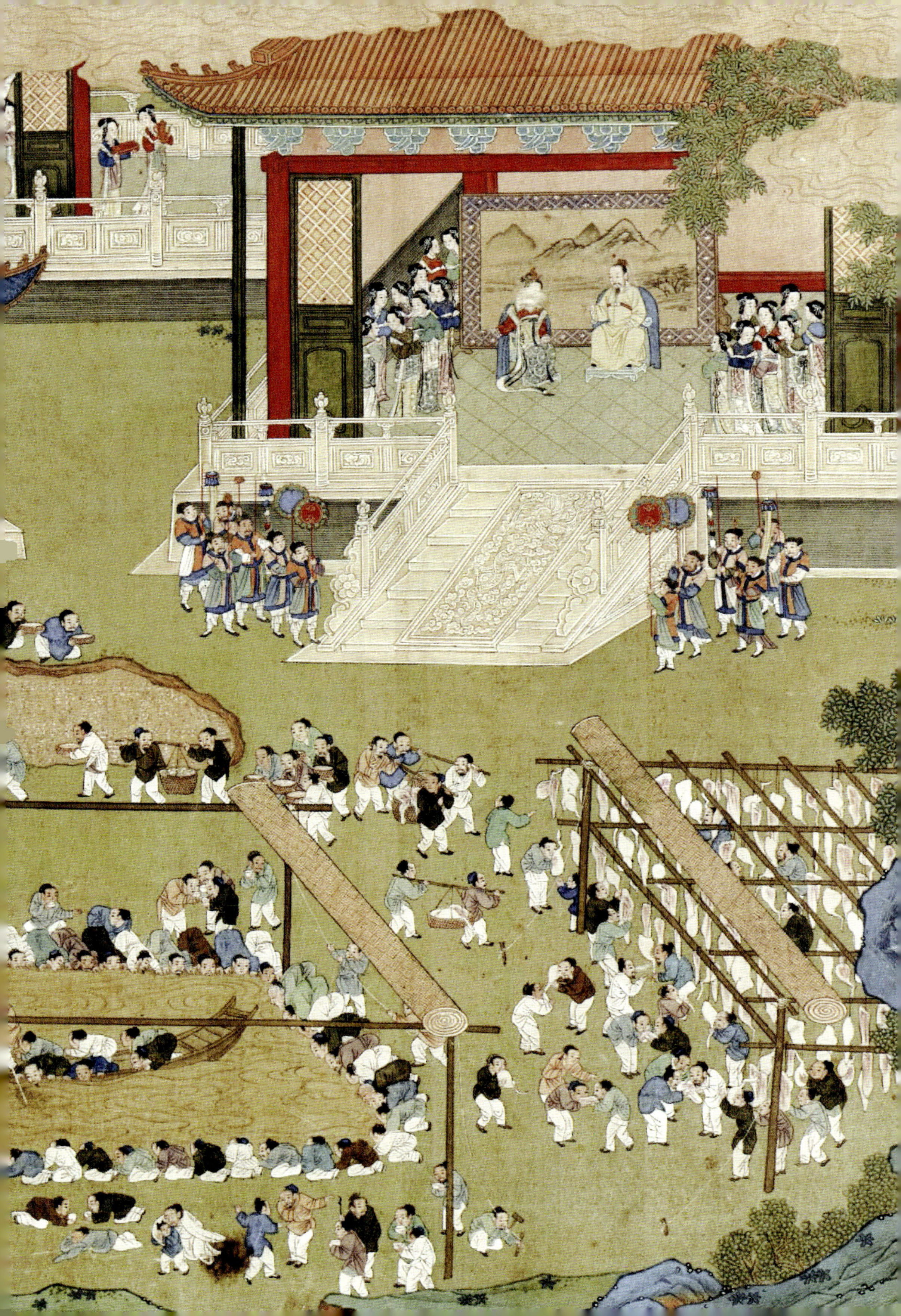

革囊射天

革囊射天 03 商武乙

商史纪武乙无道，为偶人，谓之天神，与博不胜而戮之。为革囊盛血，仰而射之，谓之射天。在位五年，猎于河渭之间，暴雷震死。

解 商史上，记商王武乙无道，不知敬事天地，把木雕成人形，叫做天神。与之对局而博，使人代为行筹，若是偶人输了，就将他斫碎，恰似杀戮那天神的一般。又将皮革为囊，里面盛着生血，高悬于空中，仰而射之，叫做射天。其慢神亵天如此。在位五年，出畋猎于河渭之间，着暴雷霹死。

夫人君无不敬也，而敬天为大。《书》曰："钦若昊天！"《诗》曰："敬之敬之，天惟显思，命不易哉。"若以天为不足畏，则无可畏者矣。武乙之凶恶，说他不但不怕人，连天也不怕。故为偶人而戮之，为革囊而射之。呜呼！得罪于天，岂可逃哉！震雷殒躯，天之降罚，亦甚明矣！

【注】 本则出自《史记·殷本纪》。武乙（？—前1113）：子姓，名瞿，商朝第二十八任君主。钦若：敬顺。昊天：上天。"敬之敬之……命不易哉"：出自《诗经·周颂·敬之》；敬，谨慎；显，明白；思，语助词；命，天命；易，变更。殒：丧失。

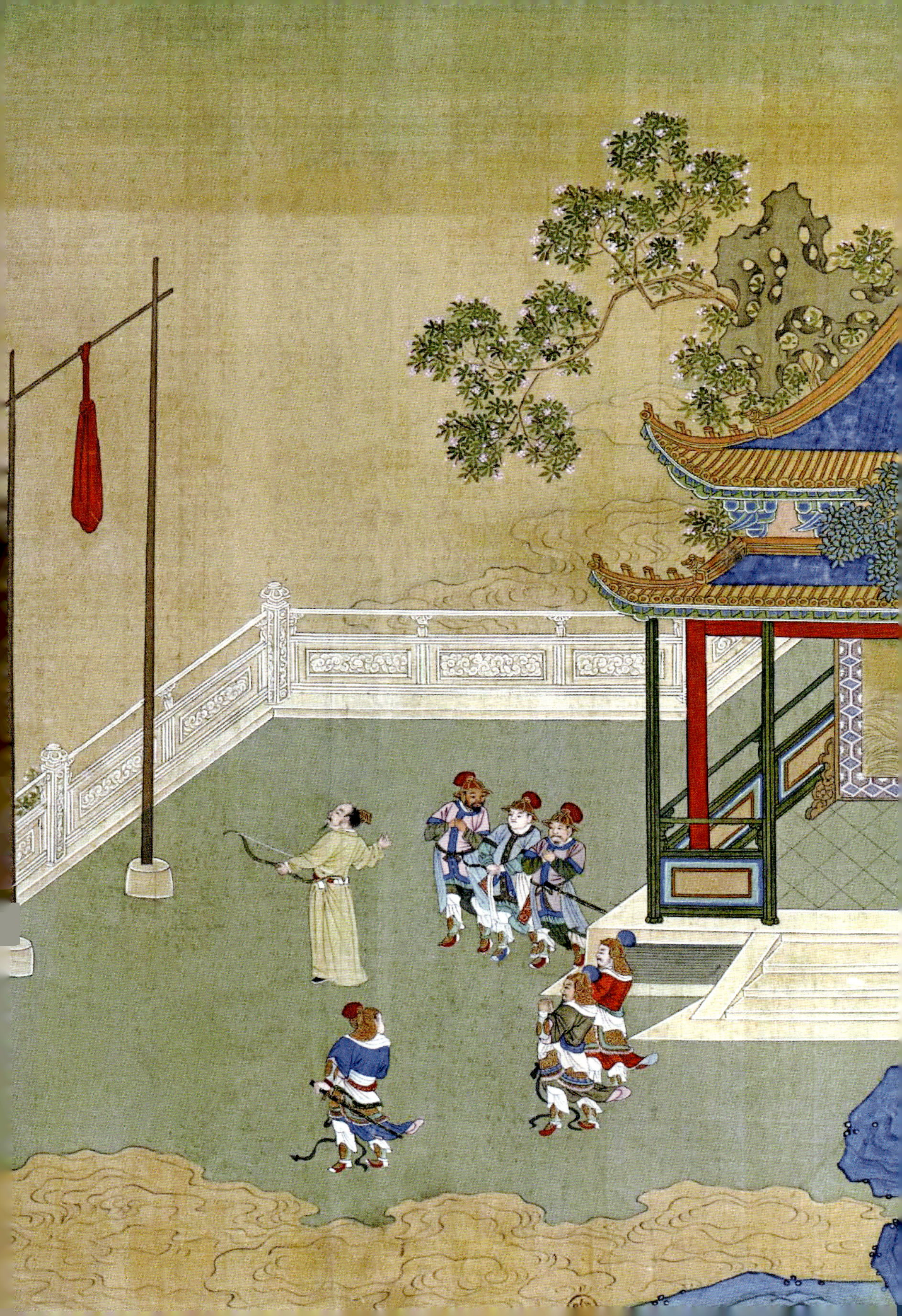

妲己害政

妲己害政 04 商纣王

解

商史上，记纣无道，恃强用兵，征伐有苏氏之国。有苏氏畏其威力，进献个美女，叫做妲己。纣得了妲己，甚是宠爱她。但是她说的就听，造作奇巧的服饰、器物，以悦其心。使乐官师延作为《朝歌》《北鄙》之音、《北里》之舞，靡靡之乐，大率都是淫声。又穷极土木之工，造鹿台一座，以琼瑶为室，以玉石为门，厚敛百姓的财物以为私积。那鹿台之内，钱财充实；钜桥之仓，粟米盈满。又凿个大池盛酒，悬鸟兽之肉为林，使男女裸体驰逐于其间。宫中又开设九处店市，与外人交易买卖，君臣酣饮，从夜达旦，竭民膏血，极欲穷奢。所以一时的百姓每都兴嗟含怨，困苦无聊。诸侯有背畔者，妲己说，"诸侯之畔，都因罚轻诛薄，主威不立所致。"纣听其言，使人铸铜为柱，柱上涂上脂油，下面烧起炭火，将铜柱加于炭火之上，使有罪的人在柱上行走。那铜柱既热又滑，人如何行得，就都堕在炭火里烧死。妲己看见，以为笑乐。这个叫做"炮烙之刑"。

尝考之于史，说商纣闻见甚敏，材力过人，使其有此才智，而能亲近贤臣，容纳忠言，则其恶岂至于此哉！乃醢鄂侯、剖比干，而唯妇言是用，欲不亡，得乎？万世之下，言大恶者，必曰桀、纣。女祸之烈，一至于此，有天下者，可不戒哉？

商史

纪纣伐有苏，获妲己。妲己有宠，其言是从，作奇技淫巧以悦之。使师延作《朝歌》《北鄙》之音、《北里》之舞，靡靡之乐。造鹿台，为琼室玉门。厚赋敛，以实鹿台之财，盈钜桥之粟。以酒为池，悬肉为林，使男女裸而相逐。宫中九市，为长夜之饮，百姓怨望。诸侯有畔者，妲己以为罚轻威不立，纣乃为铜柱，以膏涂之，加于炭火之上，令有罪者行焉，辄堕炭中以取妲己笑，名曰『炮烙之刑』。

【注】本则出自《史记·殷本纪》以及汉·刘向《列女传·孽嬖传》。妲己：己姓，苏氏，名妲，有苏国人，商纣王帝辛的妃子。师延：上古时期的神话人物，为中华民族第一位乐神宗祖，此处的师延应为其后人，为殷商朝的御用乐师。钜桥：商纣王用于存储粮食的仓库。鄂侯：商纣时期的大臣，因犯颜强谏，结果被杀死制成肉干。比干：商纣王之弟，因直言劝谏，被纣王剖心而死。

八駿巡游

八骏巡游 05 周穆王

周史纪穆王臣造父善御,得八骏马。王使造父御之,西巡,乐而忘返。东方徐夷,乘间作乱,周乃中衰。

解 周史上,记穆王时,有个臣叫作造父,善能御车驾马。是时,穆王得了八匹极善走的骏马,使造父驾着,往西方去巡幸。当时天下太平,穆王驾着那骏马,任意遨游,不思返国,把朝廷政事都废了,民心离叛。东方有个徐夷,因此乘空造反,僭称为徐偃王。近徐的诸侯,多有往朝于徐者,周家的王业到此中衰。

夫穆王初年,亦是个英明之主。后来,只为用了造父,耽于游幸,遂致政乱国衰。然则,人君之举动,可不慎哉!

【注】 本则出自《史记·秦本纪》。穆王(前1026?—前922?):姬姓,名满,又称穆天子,西周第五位君主,在位时间最长的周王。造父:嬴姓,祖先伯益为少昊裔孙,中国历史上著名善御者,造父族为赵国始族,造父的侄孙秦非子又因功封于秦,为秦国始祖。徐夷:东夷之一,"徐"为周代族名、国名,嬴姓。

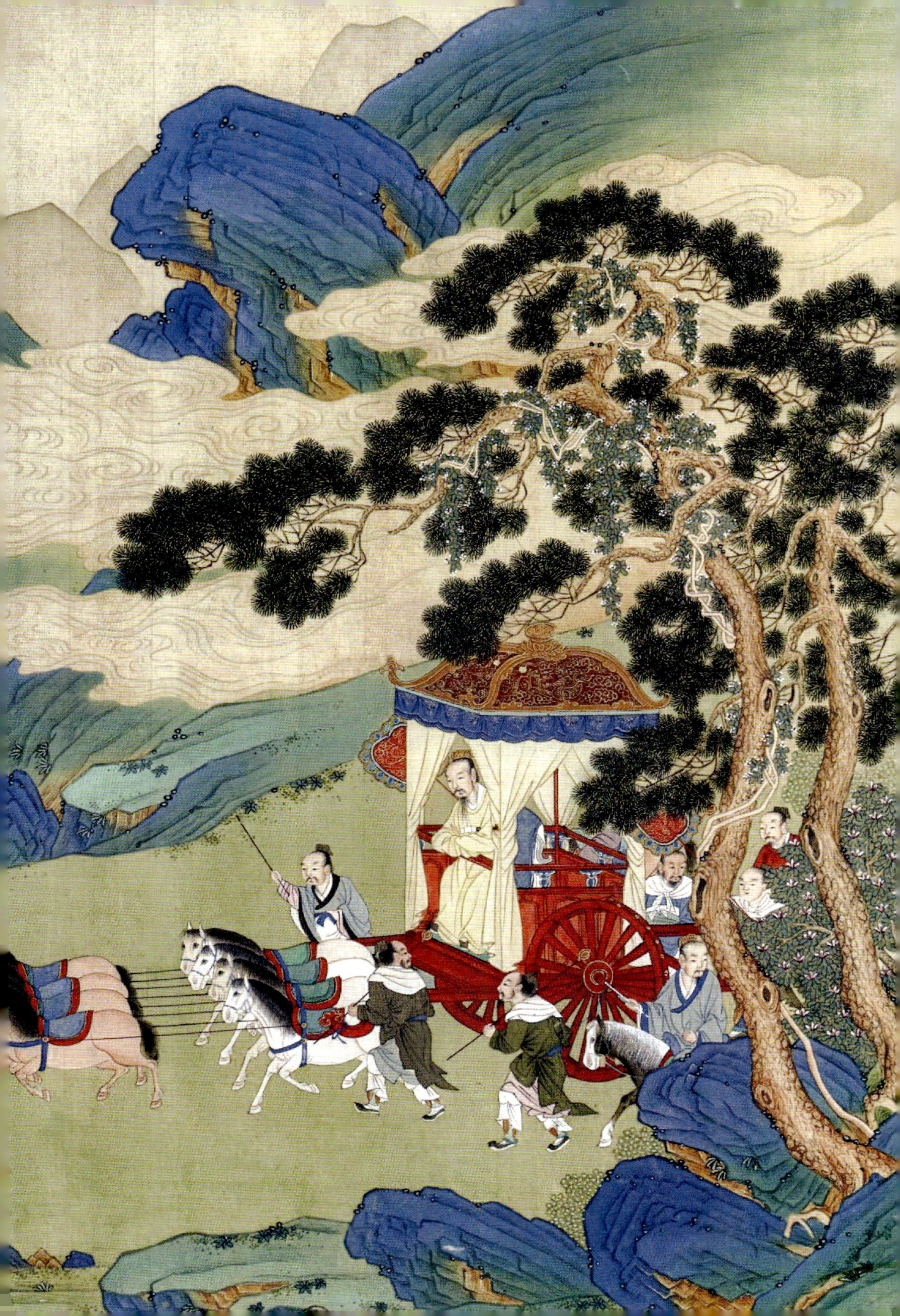

戲舉烽火

戲舉烽火 06 周幽王

周史

纪幽王嬖爱褒姒，褒姒不好笑，王说之万方，故不笑。王与诸侯约，有寇至，举烽火为信，则举兵来援。王欲褒姒笑，乃无故举火，诸侯悉至，至而无寇，褒姒大笑。后犬戎伐王，王举火征兵，兵莫至。戎杀王于骊山下，掳褒姒。

解 周史上，记幽王宠爱美女褒姒。褒姒性不好笑，王只要得他一笑，设了万般的方法，引褒姒笑，褒姒故意只是不笑。先是王与诸侯相约，若有贼寇兵至，就烟墩上举起烽火为信，则列国举兵来救援。至是王念无可动褒姒笑者，遂无故举烽火。诸侯望见，只说有贼兵到了，都领兵来救援，一时齐到城下，却不见有贼兵。褒姒见哄得众诸侯空来这一遭，乃不觉大笑。然诸侯由此不信幽王。后犬戎调兵伐王，王复举火召兵。诸侯见前次哄了他，这遭一个也不来。王遂被犬戎杀害于骊山之下，连褒姒也掳去了。

夫女色可远不可近，近则为其所迷，而举动不知谨，患害不知虑。幽王只为要褒姒欢喜，至无故征天下之兵，以供其一笑，卒致身弑国亡，其昏暗甚矣。谥之曰"幽"，不亦宜乎！

【注】 本则出自《史记·周本纪》。周幽王（前795？—前771），姬姓，名宫湦（shēng），西周第十二任君主（前782—前771在位）。嬖爱：宠爱。褒姒：姒姓，褒国人，周幽王第二任王后，后被犬戎掳走。犬戎：古族名，戎人的一支，即畎戎，又称畎夷、犬夷、昆夷、绲夷等。

下篇　狂愚覆辙

遣使求仙

遣使求仙 07 秦始皇

秦史纪始皇帝东巡海上，遣方士齐人徐市等，入海求蓬莱、方丈、瀛洲三神山及仙人不死之药。市等诳始皇，言未能至，望见之焉。请得斋戒，与童男女，及百工之事求之，即得之矣。始皇从其言，使童男女三千人，与百工之事偕往。徐市止，王不来。

解 秦史上，记始皇帝好神仙，说海中有三座山，都是神仙所居。始皇东巡至海上，遣方士齐人徐市等，入海访求此三山，及仙人长生不死之药。这神仙之说，本是荒诞，徐市因始皇好之，遂哄他说，海中实有三神山，臣等虽不曾到，常在海上望见之焉，请得斋戒，与童男童女及百工技艺之人，入海求之，则三山可到，不死之药可得也。始皇不知其诈，遂发童男童女三千人，及百工技艺之事，使徐市等泛海求之。徐市得了这许多人，走在海外，寻个地方，就在那里做了王，不回来，而仙药终不可得也。

尝观秦始皇既平六国，平生志欲，无不遂者，所不可必得者寿耳。于是信方士之言，觅不死之药，竟为徐市等所诳，何其愚哉！至汉武帝，亦遣方士入海，求蓬莱，安期生之属，终不可得。迨其末年，始悔为方士所欺，乃曰："天下岂有仙人，尽妖妄耳！"吁！亦晚矣！宜史臣表而出之，以戒后世人主之惑于方士者。

【注】 本则出自《史记·秦始皇本纪》及《史记·淮南衡山列传》。始皇帝：即秦始皇（前259年—前210年），嬴姓，赵氏，名政，中国第一个称皇帝的君主，首次完成中国大一统。徐市（fú）：即徐福，秦朝方士，曾受秦始皇委托，率童男女数千人东渡入海寻找仙药。安期生：亦称安期、安其生，人称"千岁翁"，师从河上公，方仙道的创始人。

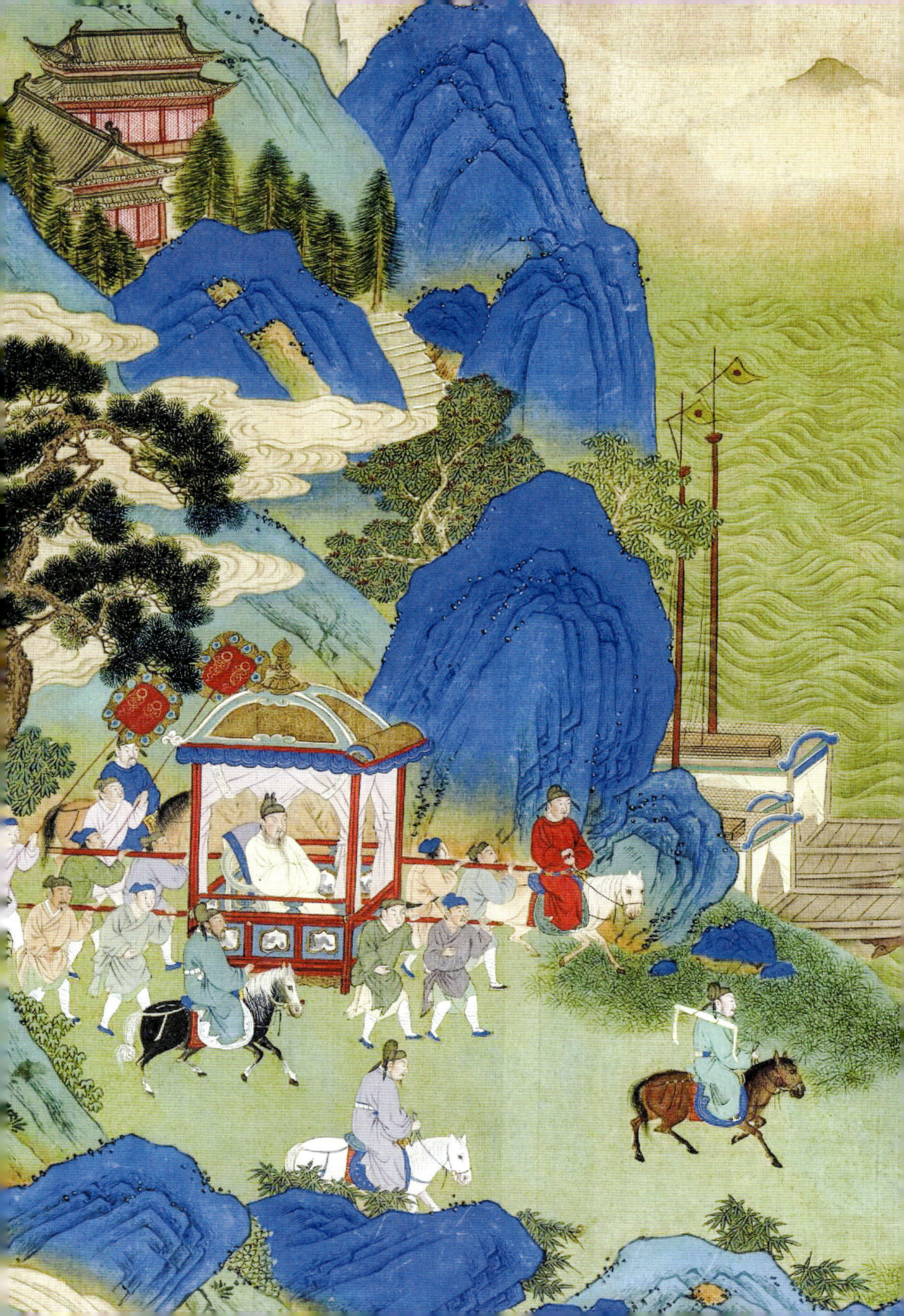

坑儒焚書

坑儒焚书 08 秦始皇

秦史

纪始皇三十四年，用李斯之言，烧《诗》《书》、百家语。有敢偶语《诗》《书》者弃市；以古非今者族；吏见知不举者与同罪。所不去者，惟医药、卜筮、种树之书。侯生、卢生相与讥议始皇，因亡去。始皇闻之大怒曰："诸生为妖言，以乱黔首。"使御史案问，诸生转相告引，犯禁者四百六十余人，皆坑之。

解 秦史上，记始皇帝三十四年，从丞相李斯之言，天下人但有私藏《诗》《书》及百家言语、文字者，都着送官，尽行烧毁，再不许天下人读书。有两人成偶，口谈《诗》《书》者，就戮之于市；有援引古事，非毁当今者，全家处死；官吏有见知不举发者，与之同罪。所存留不毁者，只是医药与卜筮、种树这几种小书而已。时有儒士侯生、卢生，两个人相与讥议始皇所为不合道理，又恐得罪，因逃去躲避。始皇闻之大怒，说这儒生每造为妖言，煽惑人心，不可不诛。乃使御史访察、案问之。诸生互相评告，攀扯连累，凡犯诽谤之禁者，四百六十余人，皆坑杀于咸阳地方。

夫自古帝王欲治天下，未有不以崇儒重道为先务者，而始皇乃独反其道，至使典籍尽为灰烬，衣冠咸被屠戮，其罪可胜言哉？至汉高帝过鲁，以大牢祀孔子，文帝除挟书之律，武帝表章六经，公孙弘以儒生为宰相，而孔氏之教乃复兴。夫观秦之所以亡，与汉之所以兴者，得失之效，昭然可睹矣！

【注】本则出自《史记·秦始皇本纪》《资治通鉴·秦纪二》，此事发生于公元前213年。李斯（前284—前208）：字通古，汝南上蔡人，秦朝著名政治家、文学家和书法家，其政治主张奠定了中国两千多年封建专制的基本格局，秦二世时期，被赵高构陷，腰斩于咸阳。黔首：秦代对百姓的称谓，秦以水为德，衣服尚黑，平民以黑巾裹头，故名。百家语：诸子百家的书籍。衣冠：代指儒生。大牢：太牢，牛、羊、猪三牲齐备的祭祀，汉武帝以此祀孔子，就如后世把孔子尊为素王一样。公孙弘：西汉名臣。

下篇　狂愚覆辙

大营宫室

大营宫室 09 秦始皇

秦史

纪始皇以先王宫廷小，乃营朝宫渭南上林苑中。先作前殿阿房，东西五百步，南北五十丈。上可以坐万人，下可以建五丈旗。周驰为阁道，自殿下直抵南山，表山颠以为阙。复道渡渭，属之咸阳。计宫三百，帷帐、钟鼓、美人充之，各案署不移徙。

解 秦史上，记始皇建都咸阳，以先王所住的宫殿狭小，不足以容，乃营建朝宫于渭南上林苑中，先起前面一座殿，叫做阿房殿。这殿的规制，自东至西，横阔五百步；自南至北，入深五十丈。上面坐得一万人，下面竖立得五丈高的旗。只这一座殿，其高大深阔如此，其他可知矣。周围四边，俱做可驰走的高阁道，自殿下直至南山，就南山顶上竖立阙门。其北首砌一条复道，直跨过渭水如桥梁一般，接着咸阳都城。计建立的离宫有三百所，一一都有铺设的帷帐等物，作乐的钟鼓等器，及四方美女充实其中，以待始皇游幸。但所到之处，百事俱备，不用那移。

夫自古帝王皆以民力为重，不忍轻用。知民心之向背，乃天命去留所系也。始皇竭天之力，以营宫室，极其壮丽，自谓可乐矣。而民心离叛，覆灭随之，竟为项羽所焚，悉成煨烬。吁！可鉴哉！

【注】 本则出自《史记·秦始皇本纪》。山颠：即山巅。复道：楼阁或悬崖间有上下两重通道。离宫：在国都之外为皇帝修建的永久性居住的宫殿。那移：挪借移用。

下篇 狂愚覆辙

女巫出入

女巫出入 10 汉武帝

汉史

纪武帝时，女巫往来宫中，教美人度厄，每屋辄埋木人祭之。因妒忌恚骂，更相告讦，以为咒诅。上怒，多所击杀。上心既疑，尝梦木人数千，持杖欲击上，因是体不平。江充自知为太子所恶，因言上疾，祟在巫蛊。于是使江充治巫蛊狱。充云："于太子宫得木人尤多。"太子愤恨，无以自明，于是发武库兵捕江充诛之。武帝怒，使人捕太子，太子自缢。

● 解　西汉史上，记武帝纵容民间女巫出入宫中（女巫，如今师婆之类），教宫人每祈祷解厄，刻木为神道形像，埋在屋里，时常祷祀以祈福。于是宫人每有彼此妒忌怨骂者，就告讦于武帝，说他每在背地里雕刻人形，魇镇咒诅主上。武帝发怒，打死宫人甚多。武帝心中既疑，尝梦木人数千，持杖要来打他，因此身体欠安。有奸臣江充，自知太子恶他，见帝年老，恐日后为太子所诛，故奏说："主上这疾，由巫蛊魇镇所致。"武帝信之，就着江充穷治巫蛊之狱，遍宫中掘地搜寻木人。江充就借此倾陷太子，说："臣至太子宫中，掘得木人尤多。"武帝怒，太子负屈，无以自明，不胜愤恨之心，遂擅发武库兵仗，捕得江充诛之。武帝愈怒，说太子谋反，使人捉拿太子。太子惶惧，走出湖县，自缢而死。

大抵妇人妒宠相谗，乃其常态。但使宫禁严密，不许外人擅自出入，嫔妃近幸之人，不许彼此无事往来，则闱门自然清肃，谗害不生。至于女巫邪术，尤不可近。俗语云："三婆（谓师婆、卦婆、卖婆也）不入门，便是好人家。"况于天子之宫禁，而可容此辈出入乎？武帝只因不能禁绝于初，故致自生疑惑，而奸人乘间构祸，骨肉伤残，后虽追悔，亦何及哉！此万世所当鉴戒也。

【注】本则出自《资治通鉴·汉纪十四·卷二二》,此事发生于汉武帝征和二年(公元前91年),史称"巫蛊之祸"。太子:即刘据(前128—前91),汉武帝嫡长子,母为卫皇后。卦婆:以打卦算命为生的妇女。卖婆:即牙婆,以从事人口买卖为业的妇女。

五侯擅權

五侯擅權 11 汉成帝

解 西汉史上，记成帝初即位，待太后家王氏过厚，用长舅阳平侯王凤作大司马、大将军，专执朝政。诸舅王谭、王商、王立、王根、王逢时，五人同时都封为列侯，当时人号他做五侯。受封之日，黄雾四塞。天戒甚明如此，而成帝不悟。后来王商、王根，又继王凤秉政。王氏一门贵盛，乘朱轮、华毂之车者，多至二十五人，都分占势要之官。朝中仕宦，个个是他门下私人。馈送财宝者，四面而至。五侯争以奢侈相尚。大起第宅，穷极壮丽，至用赤土为墀，门户上刻成连琐，而以青色涂之。僭拟朝廷宫殿制度，园中起土山渐台，恰似白虎殿一般。又径自凿开长安城墙，引城外的沣水到他宅里为池，其奢僭如此。那时群臣及官民人等，多上书说王氏权威太盛，恐不可制。成帝只为溺爱母家，都不听其说。因此，王氏越发横恣，无所忌惮。其后平帝以幼年继立，新都侯王莽专政，权威尽归其手，遂毒杀平帝，篡汉自立。

夫人君之于外戚，固当推恩，但不当假以权柄；不幸而有罪，亦宜以法裁之。汉文帝知后弟窦广国之贤而不肯用，诛其舅薄昭之罪而不少贷，后世称明焉。成帝不思祖宗贻谋之意，乃使诸舅更执国政，子弟分处要官，至于骄纵不法，一切置而不问，养成篡杀之祸，岂非千古之鉴戒哉？人主欲保全外家，惟厚其恩赉，而毋使之干预朝政，则富贵可以长守矣。

汉史 纪成帝初立，以元舅阳平侯王凤为大司马、大将军辅政。诸舅谭、商、立、根、逢时，同日封侯，世谓之五侯。是日，黄雾四塞。商、根又相继秉政。王氏一门，乘朱轮、华毂者二十五人，分处势要，朝士皆出其门，赂遗四面而至。五侯争为奢侈，大治第室，至为赤墀、青琐，起土山、渐台像白虎殿，穿城引沣水注第中。群臣及吏民多上书言王氏威权太盛，上皆不听。于是王氏益横。其后新都侯王莽遂篡汉自立。

【注】本则出自《汉书·元后传》。成帝：即刘骜（前51—前7），西汉第十二位皇帝，因重用外戚王氏一族，为王莽篡汉埋下了祸根。朱轮：古代王侯显贵所乘的车子，因用朱红漆轮，故称。华毂：华美的车子。赂遗（wèi）：赠送他人财物。赤墀：皇宫中的台阶以朱红色的漆涂饰，故称。青琐：亦作青锁、青璅，指装饰皇宫门窗的青色连环花纹。白虎殿：汉宫殿名，又称白虎观；明代仁智殿亦俗称白虎殿。

市里微行

市里微行 12 汉成帝

汉史纪成帝为微行，从期门郎，或私奴，或乘小车，或皆骑，出入市里郊野，远至旁县。斗鸡走马，常自称富平侯家人。富平侯者，侍中张放也，宠幸无比，故假称之。

解 西汉史上，记成帝好微行。微行，是私自出外行走，不使人知其为天子也。他既是私行，所以不乘辇辂，也不要百官扈驾，只悄悄地着几个禁卫的期门郎，或常侍的仆役跟随着。或时坐一小车，或混同随从，人都一概骑马，出入街市坊里、荒郊野外，远至邻京县邑，斗鸡走马，以为戏乐。此时侍中张放，封富平侯，得宠于上，贵幸无比。成帝乃假充做张放的家人，以震服人心，泯其形迹。

夫以天子之尊，出入警跸，前后法从，有和鸾鸣珮之节，凡以别等威、备非常、肃臣下之观望也。成帝自轻其身，遨游市里，又妄自贬损，称为富平家人，其玷辱宗社甚矣，何以君天下而临万国哉！

【注】 本则出自《资治通鉴·汉纪二十三·卷三一》。期门郎：汉代皇帝侍从官官名，掌执兵扈从护卫。辇辂（lù）：皇帝的车舆。扈驾：随侍帝王的车驾。警跸：古代帝王出入时，于所经路途侍卫警戒，清道止行。法从：追随皇帝左右。

下篇　狂愚覆轍

寵暱飛燕

寵暱飛燕 13 汉成帝

汉史

纪成帝微行，过阳阿主家，见歌舞者赵飞燕而悦之，召入宫，大幸。有女弟合德，姿性尤秾粹，亦召入。披香博士淖方成在帝后，唾曰："此祸水也，灭火必矣。"后姊弟俱立为婕妤，果谮告许皇后，咒诅主上。帝乃废许后，而立飞燕为后。

解 西汉史上，记成帝微行时，一日到阳阿公主家。有个歌舞的女子，身体最轻，能为掌上舞，名叫赵飞燕。成帝见了，甚是喜悦，就召入宫中，大得宠幸。飞燕有个妹子，名叫合德，姿容性格更是秾艳粹美，亦复召入。时披香殿里有个博士，姓淖，名方成，最有识见。跟随在成帝之后，见了飞燕姊妹这等模样，知是不祥之兆，因口唾之，说道："汉家以火德王天下，此女子入宫，必乱国家，乃祸水也，灭火必矣。"其后，飞燕姊妹日见宠幸，不久俱封为婕妤，果然在成帝面前谗谮许后，说她诅咒主上。成帝信其言，遂将许后废处昭台宫，而立飞燕为后，卒以败德乱政焉。

夫自古亡国非一，而女色居其大半，岂女子有色遂为害哉？良以有色无德故耳。盖妇德必贞静幽闲，端庄雅重，无邪媚轻佻之态者，然后可以配至尊，奉宗庙，而母仪天下。飞燕姊妹以倡优歌舞贱人，而帝宠之为后，其视桀宠妹喜，纣宠妲己，又有甚矣。汉祚之衰，实自此始，可叹也哉！

【注】 本则出自《资治通鉴·汉纪二十三·卷三一》。披香博士：披香殿的宫廷教习。淖方成：又号淖夫人，宫廷教习。贞静：节操贞纯，情性淑静。幽闲：即幽娴，安详文雅。

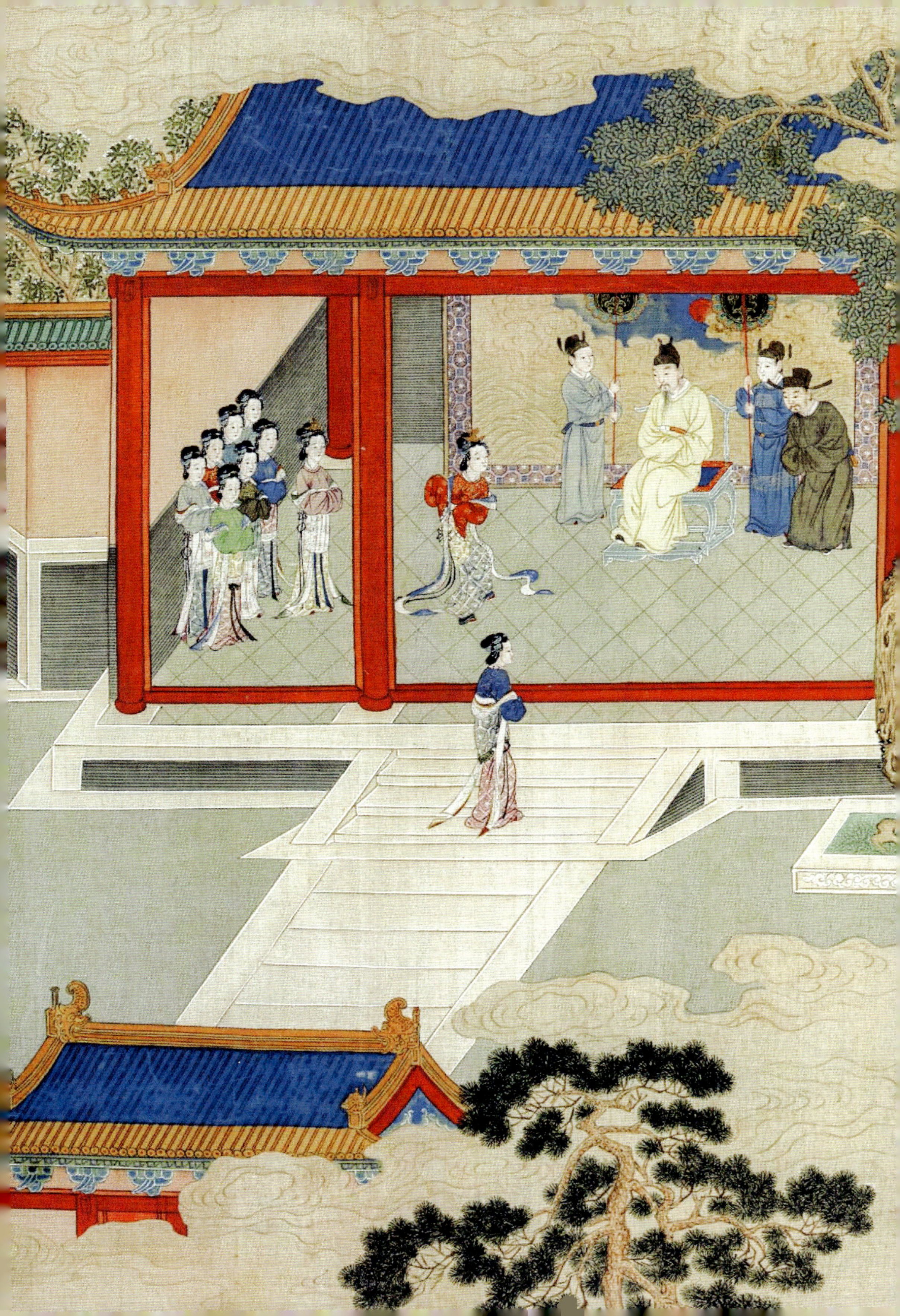

嬖佞戮贤

嬖佞戮贤 14 汉哀帝

汉史

纪哀帝时，侍中董贤姿貌美丽，以和柔便辟得幸于上，贵震朝廷，常与上卧起。诏将作大匠，为贤起大第，穷极技巧。赐武库禁兵，尚方珍宝，及东园秘器，无不备具。郑崇谏上，上怒，下崇狱，竟死。

解 西汉史上，记哀帝时，有个侍中，叫做董贤。他容貌美丽，性体和柔，而便佞邪辟，以此得帝宠幸，至与帝同卧起。其尊贵之势，震动朝廷。帝诏令总管营建的将作大匠，替董贤起盖大第宅，诸般的技能工巧无不做到。又赐他武库里禁兵，尚方的珍宝，及东园中葬器，皆朝廷所用，俱以赐贤，无一不备者。其时有个贤臣郑崇，因此谏争，以为不可。上怒，而下崇于狱，竟死狱中。

夫哀帝初年，躬行节俭，政事皆由己出，亦可以为明主，到后来一宠董贤，遂至颠倒迷惑，无复顾惜，卒以促亡。人君之宠狎佞幸，其祸如此！

【注】 本则出自《资治通鉴·汉纪二十六·卷三四》，此事发生于汉哀帝建平四年（公元前3年）。哀帝：刘欣（前25—前1），字和，汉元帝刘奭之孙，汉成帝刘骜之侄，西汉第十三位皇帝，在位七年。便辟：谄媚逢迎。将作：即将作监，古代官署名，掌管宫室建筑。东园秘器：指皇室、显宦死后用的棺材。

下篇　狂愚覆辙

195

十侍乱政

十侍乱政 15 汉桓帝

汉史

纪桓帝封宦者左悺、贝瑗、徐璜、唐衡、单超为列侯。侯览上缣五千匹，封高乡侯。又封小黄门八人为乡侯。悺等皆据势擅权，交通贿赂，五侯尤贪纵，倾动内外，天下为之语曰：「左回天，贝独坐，徐卧虎，唐两堕。」兄弟姻戚，宰州临郡，与盗无异。民不堪命，多为盗贼。其后中常侍曹节、王甫及赵忠、张让等十常侍，相继专政，浊乱海内，寻召董卓之乱，汉因以亡。

解 东汉史上，记桓帝封中官左悺、贝瑗、徐璜、唐衡、单超五人俱为列侯。时帝方卖爵，因侯览上缣五千匹，也封为高乡侯。又封小黄门八人俱为乡侯。由是悺等，占据势要，专擅威权，交通四方贿赂。就中五侯尤贪婪、放纵，气焰熏灼。那时有个民谣，叫左悺做"左回天"，言其势力能转动人主的意向也；叫贝瑗做"贝独坐"，言其豪贵无人敢与相并也；叫唐衡做"唐两堕"，言其任意妄为，东西无定也。左悺等的兄弟、亲戚，又多是无赖之人，个个都叨冒官职，有做一州方伯的，有做一郡太守的，遍布天下，贪赃坏法，凌虐小民，就与盗贼一般。百姓每困苦无聊，往往逃亡，去为盗贼。其后有中常侍曹节、王甫及赵忠、张让等十个常侍，相继专擅朝政，起党锢之狱，杀贤臣窦武、陈蕃、李膺等百余人，任意纵横、浊乱海内，遂致黄巾贼起。未几，董卓举兵向内，劫迁天子，汉随以亡。

按《天文志》，宦者四星，在帝座之侧，中官给事左右，供奉内庭，盖王制所不可少者；但不宜授以兵权，使得专制朝廷耳。考之当

时，中常侍吕强，清忠，好直谏，最为善良。使桓帝任贤臣李固、黄琼等以为股肱心膂，则汉至今犹存可也。奈何不顾祖制，宠之以五等之封，授之以威福之柄，遂使权倾人主，毒流海内，乱亡之祸，岂非自取之哉！

【注】本则出自《资治通鉴·汉纪四十六·卷五四》。桓帝：刘志（132—168），东汉第十位皇帝（146—167在位）。缣：双经双纬的粗厚织物。寻：不久。心膂：比喻亲信得力之人。

西邸鬻爵

西邸鬻爵 16 汉灵帝

汉史

纪灵帝开西邸卖官，入钱各有差：二千石，二千万；四百石，四百万。其以德次应选者，半之。令长随县好丑，丰约有贾；富者先入，贫者到官倍输。又令左右卖公卿。公，千万；卿，五百万。于西园立库贮之，以为私藏。

解 东汉史上，记灵帝于西园中，开设邸舍，如市店一般，鬻卖官爵。官有大小，则纳钱有差等：秩二千石的，如今之知府等官，则纳钱二千万；秩四百石的，如今之县令等官，则纳钱四百万。就是本等以德行，次序应该选除的，也要他纳钱一半，才许他做官。令长，即今之知县，随那地方的好歹，以为纳钱多寡，都有定价。富者纳完了钱才与他官做；贫者赊于他，着他到地方后加倍补纳。又私令左右之人卖公卿。公卿大官，必是资望相应的，然非因近幸入钱，亦不肯便与。公，卖钱一千万；卿，卖钱五百万。将这卖官的钱都收贮在西园库里，以为自家的私藏。

考之于史，灵帝初为侯时，常苦贫，及即位，叹桓帝不能作家计，无私钱，故卖官聚钱如此。夫朝廷官爵，以待贤才。《书》言："官不及私昵，爵罔及恶德。"任意与人，犹且不可，况卖之以为私藏乎？且天子富有四海，安用私藏？乃使市贩之辈，冒滥冠裳；贤才之人，高蹈畎亩。上坏朝廷名器之公，下遗百姓剥削之害，未及五年，大盗四起，宗庙社稷且不可保，西园私藏，果安在哉？此正《大学》所谓"一人贪戾，一国作乱"者也。

【注】本则出自《资治通鉴·汉纪四十九·卷五七》，此事发生于光和元年（178）。灵帝：刘宏（157—189），东汉第十一位皇帝（168—189在位）。"官不及私昵"二句：出自《尚书·说命中》，原文为"官不及私昵，惟其能；爵罔及恶德，惟其贤"。冠裳：本指穿着官服，此处指官职。高蹈：隐居。畎亩：本指田地，引申为民间。

列肆后宫

列肆后宫 17 汉灵帝

> 汉史
> 纪灵帝作列肆于后宫，使诸采女贩卖，更相盗窃、争斗。帝着商贾服，从之饮宴为乐。

解 东汉史上，记灵帝于后宫中，盖造铺店，积聚各样货物，使宫中采女，都学外面市井上人，交易贩卖，又使之彼此偷盗、争斗、喧哗，故意做出那市井上的模样来。灵帝也穿着外面买卖人的亵衣，装做商贾，随着众宫人在酒肆中饮宴，以为欢乐。

夫灵帝之时，奸邪满朝，权纲不振，天怒人怨，灾变叠兴，乃不知恐惧修省、任贤图治而游乐宫中，甘同商贾下贱人的勾当；兼且弄狗着冠、驾驴操辔、亵尊败度之事，无所不为，人心如何不离？盗贼如何不起？东汉之亡也，岂献帝之罪哉！

【注】本则出自《资治通鉴·汉纪五十·卷五八》，此事发生于光和四年（181）。列肆：成列的商铺。采女：汉代六宫的一种称号，因其选自民家，故曰"采女"，后用作宫女的通称。亵衣：便服。

下篇 狂愚覆辙

芳林营建

芳林营建 18 魏主叡

> 魏史
>
> 纪明帝好土功，大营宫殿，役连岁不休。徙长安钟虡、铜驼、承露盘于洛阳；铸铜人二，列司马门外；又铸黄龙、凤凰，置内殿前。起土山于芳林园，使公卿皆负土。树杂木善草，捕禽兽致其中。光禄勋高堂隆、尚书卫觊及司徒掾董寻，皆上疏极谏，不听。

解 三国魏史上，记明帝叡好土木之功，即位后，大营建宫殿，既作许昌宫，又作洛阳宫，工役连年不得休息。迁徙长安城中秦汉时所造的钟架、铜橐驼及铜承露盘到洛阳来；用铜铸两个极大的人，号作"翁仲"，摆列在司马门外；又铸成黄龙、凤凰，安置在内殿前面。筑一座土山于芳林园，欲其速成，乃使公卿大臣每都亲自搬土助工。山既成了，使人栽种杂木好草；又捕捉各样禽兽放在中间，就与真山一般。光禄勋高堂隆、尚书卫觊及司徒掾董寻，都上奏疏极谏其失，明帝通不听他，兴作如故。

夫人君以一人治天下，非以天下奉一人也。明帝之时，三方鼎立，力行节俭，犹恐不足以为国，而乃劳人动众为不急之务。且公卿大臣，朝廷之所素敬礼者，至使负土为山，沾手涂足，尤非使臣以礼之道矣。未几，明帝早崩无嗣，不及一享其乐。魏之天下，又随为司马氏所篡。彼铜人土山之玩，果为谁而作哉？

【注】本则出自《资治通鉴·魏纪五·卷七三》,此事发生于景初元年(237)。明帝:曹叡(204—239),三国时期曹魏第二任皇帝(226—239在位)。钟虡(jù):一种悬钟的格架,上有猛兽为饰。承露盘:又叫金铜仙人承露盘,汉武帝好神仙,做承露盘以承甘露,以为服食之可以延寿。光禄勋:为九卿之一,掌守卫宫殿门户。掾(yuàn):原指佐助,后为副官佐或官署属员的通称。橐驼:骆驼。翁仲:立于宫阙庙堂和陵墓前的铜人或石人,是皇权仪卫的缩影,始于秦汉时期。

羊車遊宴

羊車遊宴 19 晉武帝

晉史

紀武帝既平吳，頗事遊宴，怠於政事。掖庭殆將萬人，常乘羊車，恣其所之，至便宴寢。宮人競以竹葉插戶、鹽汁灑地，以引帝車。而後父楊駿始用事，交通請謁，勢傾內外，朝政大壞。至其子惠帝，遂有『五胡亂華』之禍。

解 晉史上，記武帝自平吳之後，以為天下一統，四海無虞，遂驕縱放逸，好遊幸宴樂，不理政事。後宮婦女，多至萬人，欲有所幸，不能自決所往，因以羊駕車，認它行去。羊所往處，就在那裡住下，宴樂寢宿。於是，宮人望幸者，多把竹葉插在門上，鹽水灑在地下，引得那羊來食之，以住帝車而宴寢焉。因武帝這等荒淫無度，不理國事，于是皇后之父楊駿得以專權擅政，交通請托，威福權勢，傾動內外，朝政日以壞亂。至其子惠帝又不肖，夷狄交侵，五胡亂華，而中朝之禍，自此始矣。

向使武帝平吳之後，兢兢業業，常如前日，帝亦明達之主也，駿安得而用事？天下何從而啟亂哉？

【注】 本則出自《資治通鑒·晉紀三·卷八一》，此事發生於太康二年（281）。武帝：司馬炎（236—290），晉朝開國皇帝（265—290在位）。掖庭：亦作"掖廷"，宮中旁舍，妃嬪居住的地方。惠帝：司馬衷（259—307），晉武帝司馬炎次子，西晉王朝第二位皇帝（290—307在位），"何不食肉糜"之典故即出自他口。

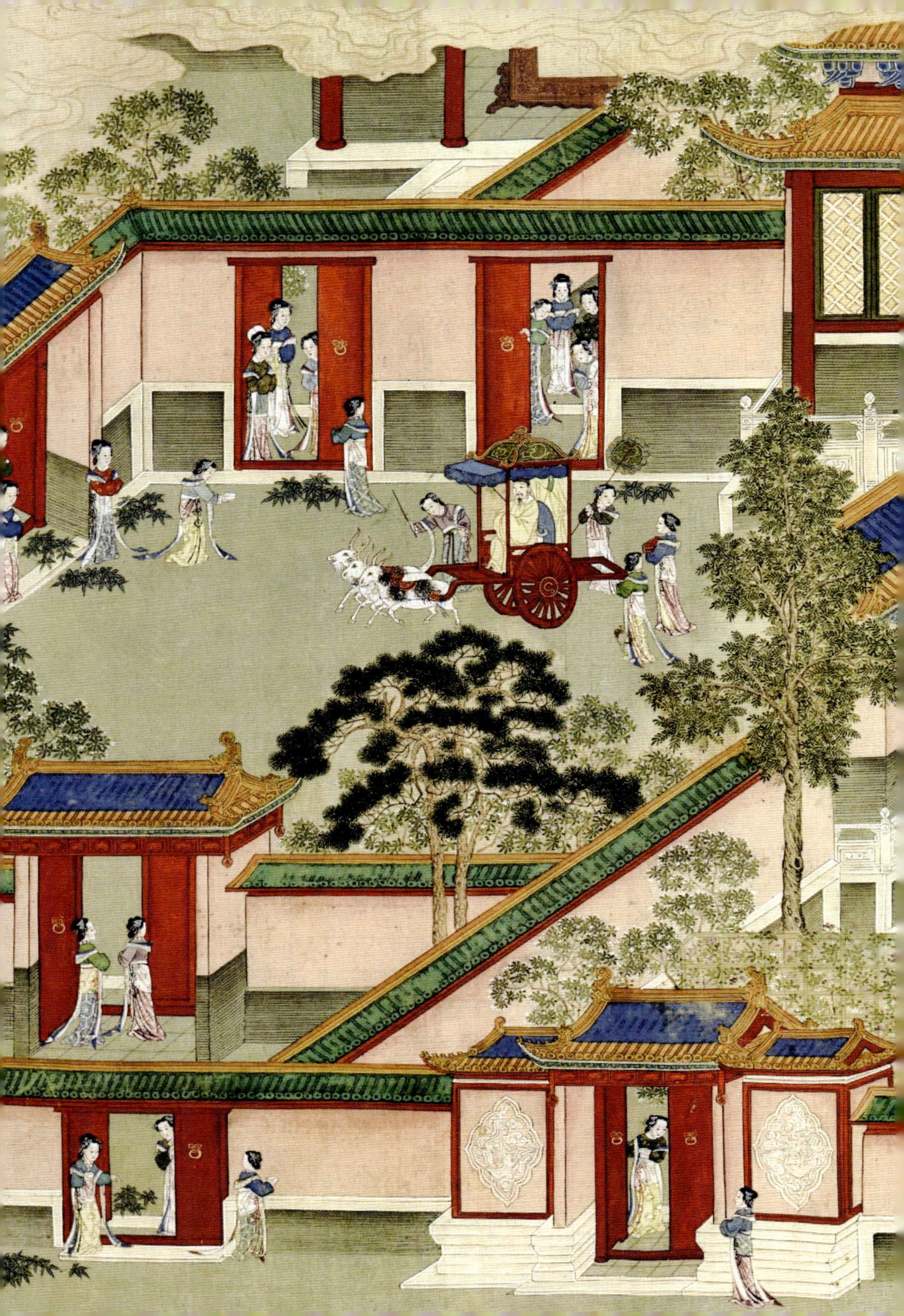

笑祖俭德

笑祖俭德 20 宋武帝骏

《宋史》纪宋主骏大修宫室，土木披锦绣。坏高祖所居阴室，起玉烛殿。与群臣观之，床头有土障，壁上挂葛灯笼，麻蝇拂。袁顗盛称高祖俭德。宋主曰："田舍翁得此，已为过矣。"

【解】 六朝宋史上，记宋主刘骏性好奢侈，嫌他父祖的宫室卑小，乃重新大修造一番，墙壁门柱上，都披着锦锈。宋高祖生前住的去处，叫作阴室，后世以藏高祖的御服。他要把这阴室拆了，改造玉烛殿。因与群臣往那里观看，见阴室里面，床头有个屏障是土做的，墙上挂个灯笼是葛布挽的，挂个蝇拂是麻绳结的。这都是高祖生前常用的器物，质朴俭素，故留之以示子孙也。其臣袁顗因盛称高祖的俭德，欲以感悟宋主。宋主反笑话说："高祖起于农亩而为天子，本是个庄家老，他有这个受用，已是过分了，岂可与今日同语哉？"

夫不念祖宗创业之艰，法祖宗崇俭之德，且嘲谓如此，尚谓有人心乎？未及一年，他就殁在这玉烛殿里。其子子业，济恶更甚，遂披篡弑之祸。《传》曰："俭，德之共也；侈，恶之大也。"岂不信哉？

【注】 本则出自《宋书·武帝纪下》《资治通鉴·宋纪十一·卷一二九》。宋主骏：即宋孝武帝刘骏（430—464），南朝宋第五位皇帝（453—464在位），宋文帝刘义隆第三子。高祖：刘裕（363—422），南朝刘宋开国皇帝（420—422在位）。阴室：帝王生前的居室。保留以供阴魂出入，故称。子业：前废帝刘子业（449—466），南朝宋第六位皇帝，有名的暴君，被弑杀。"俭，德之共也"二句：出自《左传·庄公二十四年》。

下篇 狂愚覆辙　　　　　　　　　　　　　　　　　　　　　207

金蓮布地

金莲布地 21 齐主宝卷

齐史

纪齐王宝卷，荒淫奢侈，后宫服御，极选珍奇。宠爱潘妃，尝凿金为莲花以帖地，令潘妃行其上，曰："此步步生莲花也。"嬖幸因缘为奸利，课一输十，百姓困穷，号泣道路。

【解】 六朝齐史上，记齐主宝卷，荒淫奢侈，凡后宫的服饰器用，必选那极其珍贵奇异之物。宠爱一个女子潘妃，尝以黄金打成莲花，帖在地上，叫潘妃在上面行走。齐主观而悦之，说道："这个是步步生莲花也。"自是取用浩繁，而嬖爱宠幸之人，乘机以行奸罔利，指一科十。由此百姓困穷，无所告诉，惟号泣道路而已。

其荒淫奢侈如此，在位二年，竟为嬖臣王珍等所弑。萧衍因而篡齐。败亡之祸，岂非自取之哉！

【注】 本则出自《资治通鉴·齐纪九·卷一四三》。齐王宝卷：萧宝卷（483—501），南朝齐第六位皇帝（498—501年在位），为宦官所杀，时年十九岁，被贬为东昏侯。

下篇 狂愚覆辙

舍身佛寺

舍身佛寺 22 梁武帝

> 梁史
> 纪武帝幸同泰寺，设大会，释御服，持法衣，行清净大舍。素床瓦器，乘小车，役私人，亲为四众讲《涅槃经》。群臣以钱一亿万奉赎，表请还宫。三请乃许。

解 六朝梁史上，记武帝惑于佛教，尊信甚笃，亲自幸同泰寺，设为大会，聚集僧俗人众，脱去袍服，穿了僧衣，行清净大舍施之法。修持斋素，出了家，把自己的身子舍在寺里。睡的是素床，用的是瓦器，坐的是小车，使唤的只是几个家人，屏去了天子的奉养，件件用度与那出家的一样；又亲升讲堂法座，为僧俗大众讲《涅槃经》。佛家说，人死去精神常存，但示寂灭而已，叫做涅槃，故有《涅槃经》。武帝信之，故亲讲与众人听。文武群臣，见武帝迷惑，舍身在寺里，无可奈何，乃共出钱十万，献在佛前，赎出武帝来，上表请帝还宫听政。武帝初时不肯，恳请三次，然后许之。

夫佛家弃父母、妻子，舍身出家，乃西夷之教，不可以治天下。梁武帝不思宗庙社稷之重，土地人民之托，妄自舍身佛寺，倾国以奉浮屠，不过惑于因果报应之说耳。后来侯景之乱，饿死台城，佛安在哉！

【注】 本则出自《资治通鉴·梁纪九·卷一五三》，此事发生于中大通元年（529）。武帝：萧衍（464—549），南朝梁的建立者（502—549在位）。素床：未加油漆雕饰的白木床。瓦器：用泥土烧制的器皿。浮屠：佛陀，指佛教。

下篇　狂愚覆辙

縱酒妄殺

纵酒妄杀 23 北齐主洋

齐史

纪齐主洋嗜酒淫佚，肆行狂暴。尝作大镬、长锯、剉碓之属，陈之于庭。每醉，辄手杀人以为戏乐。杨愔乃简死囚置帐内，谓之"供御囚"。齐主欲杀人，辄执以应命。

解 六朝齐史上，记齐主高洋，好酒而荒淫、佚乐，肆行狂暴。尝做下烹人的大锅、解人的长锯与铁剉碓臼等物，摆列庭中，以为刑具。每醉便手自杀人，以为戏乐。那时宰相杨愔，不忍无罪之人被杀，乃简那该死的囚犯，置列庭仗之内，叫做"供御囚"。待齐主醉后要杀人之时，就以此囚应命。

夫人命至重，虽犯罪该死，犹且三覆五奏，然后行刑，是以禹见罪人，下车而泣，重人命也。齐主酷暴如此，岂不失人心？然齐主即位之初，亦尝留心政事，推诚任使；军国机务，独自裁决，可谓贤主。后来只因好酒乱性，遂成无道之君。此大禹之所以绝旨酒，而书作《酒诰》，以为戒也。

【注】 本则出自《资治通鉴·梁纪二十二·卷一六六》。齐主洋：齐文宣帝高洋（526—559），北朝北齐开国皇帝（550—559在位）。镬（huò）：锅。剉：同"锉"。简：选择。

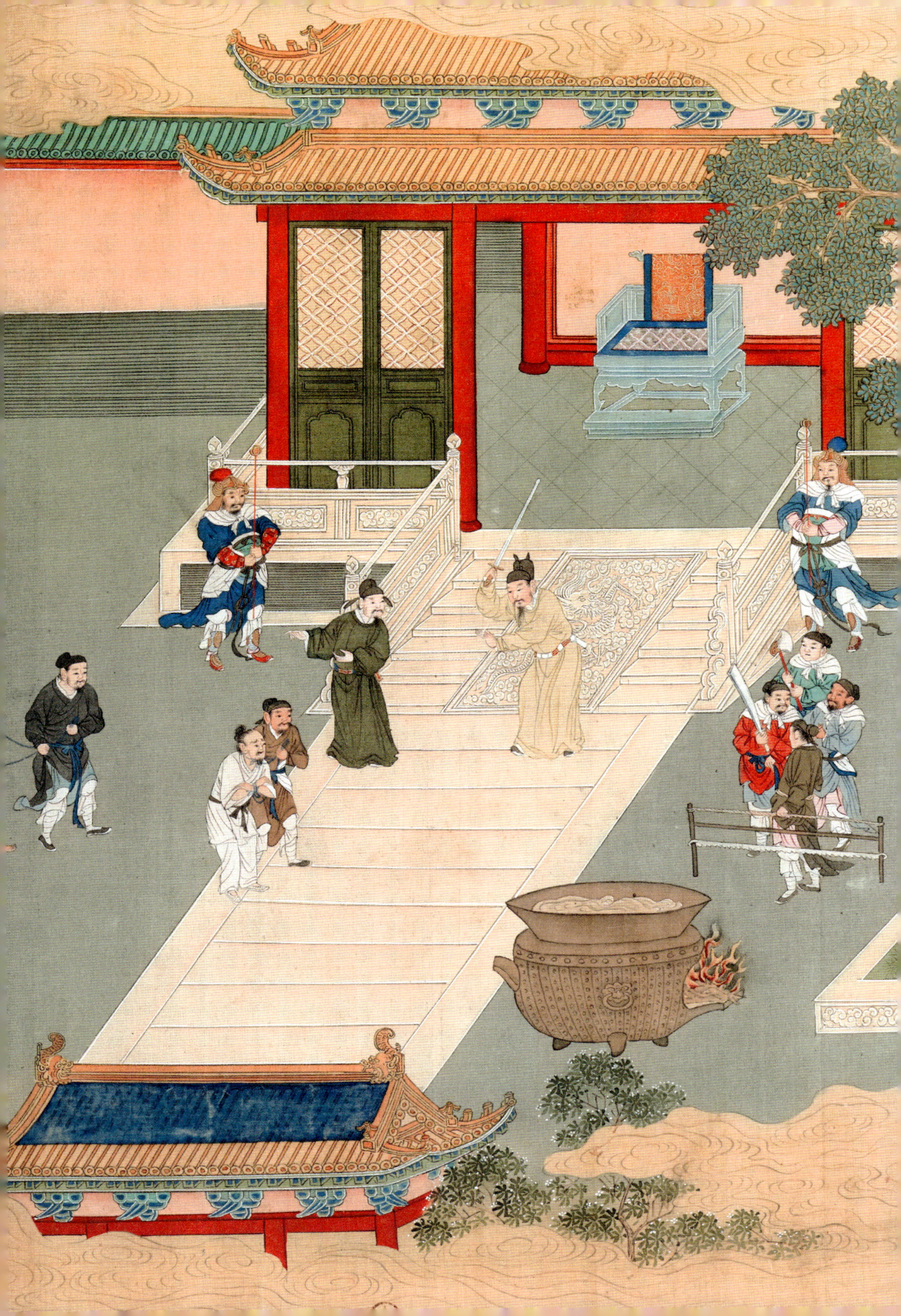

華林縱逸

华林纵逸 24 北齐主纬

齐史纪齐主纬，好自弹琵琶，为无愁之曲，民间谓之『无愁天子』。于华林园立贫儿村，自衣蓝缕之衣，行乞其间以为乐。

解 六朝齐史上，记齐后主纬，好自弹琵琶唱曲，所唱的曲子音调哀惨，闻者悲伤，反名"无愁之曲"，说他做天子，长享快乐，更无忧愁也。民间相传其事，遂号他为"无愁天子"。尝于华林园内立贫儿村，自家穿着蓝缕衣服，妆做乞人的模样，行乞饮食以为戏乐。荒纵至此，焉得不亡？后为周宇文邕所灭。

【注】 本则出自《资治通鉴·陈纪六·卷一七二》。齐主纬：高纬（556—577），北朝北齐第五位皇帝（565—576在位）。蓝缕：即褴褛，破烂衣服。宇文邕：周武帝（560—578在位），北朝北周第三位皇帝。

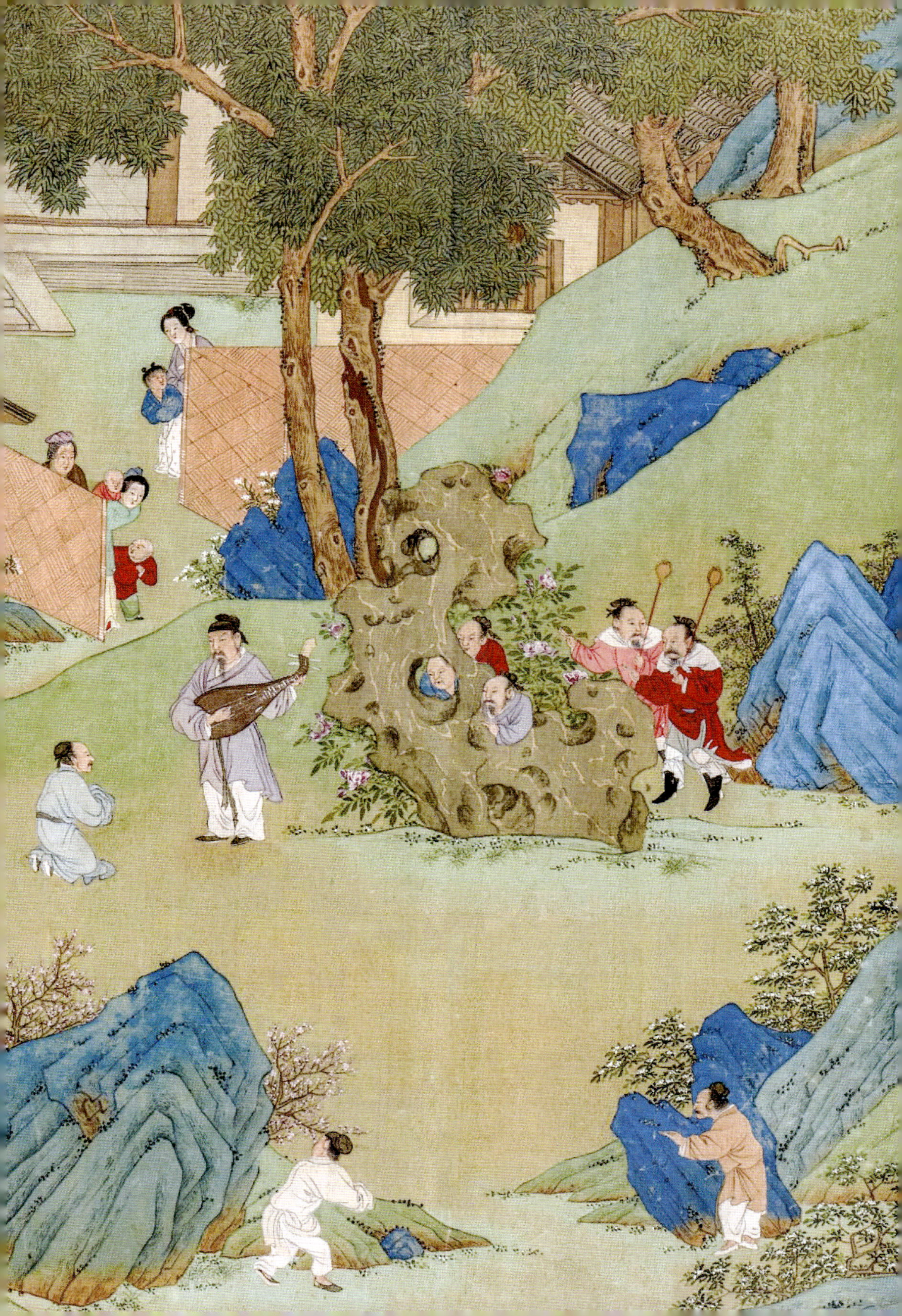

玉樹新聲

玉树新声 25 陈后主

陈史

纪后主起临春、结绮、望仙三阁,各高数十丈,陈延数十间,其窗牖栏槛,皆以沉檀为之,饰以金玉,间以珠翠。其服玩瑰丽,近古所未有。上每饮宴,使诸妃嫔及女学士,与狎客共赋诗,互相赠答。采其尤艳丽者,被以新声,选宫女千余人歌之。其曲有《玉树后庭花》《临春乐》等,大略皆美诸妃嫔之容色。君臣酣歌,自夕达旦,以为常。

解 六朝陈史上,记陈后主叔宝在位,荒淫无度,起三座高阁,一名临春,一名结绮,一名望仙,各高数十丈,阔数十间,其窗户栏杆,都是沉檀好木做成的,又饰以金玉,嵌上珠翠。阁里所摆设的衣服、乐器,都是珍奇美丽之物,近代所未曾见者。其宫室服用奢侈如此。后主又好为词曲,选宫人能文的,叫做女学士;群臣能文的,如江总、孔范等,都纵容他出入禁中,陪侍游宴,叫做狎客。后主每饮宴,即命诸妃嫔及女学士与狎客们同作诗,一赠一答,以为娱乐,无复顾忌。诸诗之中,拣词语极艳丽的,被诸管弦,新作一样腔调,选宫女千余人都唱此曲,与乐声相和。其曲有《玉树后庭花》及《临春乐》等名目,曲中的话,大略都是夸美诸妃嫔的容色而已。君臣酣饮狂歌,自晚上到天明,每日如此,以为常事,其声色游宴之娱又如此。

夫人君为万民之主,当爱养财力,惟恐不足;兢业政事,犹恐有过。而后主乃穷奢极侈,流连荒亡,其于民力国事,都不暇顾。《书》曰:"内作色荒,外作禽荒。甘酒嗜音,峻宇雕墙。有一于此,未或不亡。"今后主有四焉,欲不亡得乎?

【注】本则出自《资治通鉴·陈纪十·卷一七六》。后主：陈叔宝（553—604），南朝陈最后一位皇帝（582—589在位）。"内作色荒，外作禽荒"六句：出自《尚书·夏书·五子之歌》，色荒，沉迷于女色；禽荒，沉迷于田猎；甘酒嗜音，嗜好喝酒和音乐；峻宇雕墙，高大的屋宇和彩绘的墙壁，形容居处豪华奢侈。

剪綵為花

剪彩为花 26 隋炀帝

隋史

纪炀帝筑西苑，周二百里，其内为海，周十余里。为方丈、蓬莱、瀛洲诸山，高百余尺，台观宫殿，罗络山上。海北有渠，萦纡注海内，缘渠作十六院，皆临渠。每院，以四品夫人主之，穷极华丽。宫树凋落，则剪彩为花叶缀之；沼内亦剪彩为荷、芰、菱、芡；色渝，则易以新者。十六院竞以肴羞精丽相高，求市恩宠。帝好以月夜从宫女数千骑游西苑，作《清夜游曲》，于马上奏之。

解

隋史上，记炀帝溺于逸游，用度奢侈。于宫中筑别苑一所，叫做西苑，周围有二百里宽，中为海子，周围亦十余里。海中起方丈、蓬莱、瀛洲等山，以象东海中三神山，各高百尺，山上都有台观、宫殿，罗列于上。海子北边，开一道河渠萦纡回绕，引水注于海子内，沿渠盖院落一十六所，院门都傍临着河渠；每一座院里面，都有宫人美女，而以四品夫人掌管，穷极华丽，以恣游乐。遇秋冬时节，见宫树凋落，则剪五彩绢帛为花、为叶，缀于枝条之间；于池沼中，亦剪彩为荷、为芰、为菱、为芡，贴在水面，与春夏间的景物一般。久之，若颜色改变，又换上新的。其侈靡如此。那十六院中的宫女，彼此各以肴馔精丽相争相胜，以此希恩取宠。炀帝游观无厌，惟日不足，好乘月夜，随从宫女数千骑遨游苑中，命词人编成《清夜游》的歌曲，使宫女于马上唱之。未几，又游幸江都，留连不返，遂以失国。

考之于史，隋炀帝之父文帝，性贪好利，洛阳府库，财货山积。炀帝始为晋王，谗杀太子而嗣立。即位之初，见国家财物繁富，遂奢侈纵肆如此。嗟乎！浚百姓之膏血以实府库，而付之于凶狡淫恶之人，贻谋如此，不亡何待？然则，隋室邱墟，不独炀帝之罪，盖亦文帝之过也。夫人主欲为后世子孙长久之计，惟在示之以恭俭仁厚，而审于付托哉！

【注】本则出自《资治通鉴·隋纪四·卷一八〇》。炀帝：杨广（569—618），隋朝第二位皇帝（604—618在位）。萦纡：盘旋弯曲。彩：五色的绸子。江都：今扬州。浚：榨取。邱墟：亦作"丘虚"，废墟，荒地。

游幸江都

游幸江都 27 隋炀帝

隋史

纪炀帝幸江都，龙舟四重：上重有正殿、内殿、朝堂，中二重有百二十房，皆饰以金玉；下重内侍处之。皇后乘翔螭舟，差小。别有浮景九艘，三重皆水殿也。余数千艘，后宫、诸王、公主、百官以下乘之。共用挽士八万余人，皆以锦彩为袍。卫兵所乘，又数千艘。舳舻相接，二百余里。骑兵夹两岸而行。所过州县，五百里内，皆令献食。一州至百舆，极水陆珍奇，后宫厌饫，多弃埋之。

解 隋史上，记炀帝从水路巡扬州幸江都地方，所乘的龙舟极其高大。一舟四层：上层有正殿、内殿、朝堂，中两层有一百二十间房，这三层都用金玉装饰。第四层是内侍所居。皇后乘的，叫做翔螭舟，制度略小些，也一样华丽。别有九只船，叫做浮景，一船三层。这九只船都是水殿，以象离宫别馆。其余船数千只，是后宫、诸王、公主、百官以下乘的。共用扯船的夫八万余人，皆以锦彩为衣。还有护卫军士坐的船，又数千只。这许多船在江中，头尾相接，二百余里远。又有马军摆列着在两岸上，夹舟而行。所过州县，五百里内，都要供献饮食。多者，一州就有百车，穷极水陆珍奇品味。后宫厌饫用不尽的，无处安顿，多弃埋之。

夫炀帝只为这一己之快乐，不顾百姓之困穷，为巡幸之费，一至于此。岂知民愁盗起，祸生肘腋！江都之驾未回，而长安、洛阳已为他人所据矣，岂非千古之鉴戒哉？

【注】本则出自《资治通鉴·隋纪四·卷一八〇》。螭（chi）：传说中没有角的龙。浮景：宫廷舟名。舻：船头。厌饫（yù）：吃腻。

斜封除官

斜封除官 28 唐中宗

唐史

纪中宗委政宫闱，安乐、长宁公主，及韦后妹鄾国夫人，上官婕妤、尚容柴氏、女巫第五英儿，皆依势用事，卖官鬻爵。虽屠沽臧获，用钱三十万，则别降墨敕除官，斜封付中书，时人谓之"斜封官"。上官婕妤等皆有外第，出入无节。朝士咸出其门，交通贿赂，以求进达。

解 唐史上，记中宗在位，沉溺酒色，不恤国事，把朝廷政务，都只委托于皇后韦氏，因此，政出多门，朝纲坏乱。韦后的女儿安乐公主、长宁公主，与其妹鄾国夫人，及宫人上官婕妤、尚容柴氏、女巫第五英儿，这几个女宠都在内用事，将国家的官爵擅自出卖。不拘什么出身，就是那屠户、卖酒及一应下贱的人，但纳得三十万铜钱，里面就降一道敕书，除授他官，斜封着付中书省发行，也不用文凭，也不由吏部。以此，当时把这些用贿买官的人，都叫做"斜封官"。官爵至此，冒滥极矣。又上官婕妤等数人，都置买下私宅，有时出到私家来，有时进入宫里去，出入任意，没人敢禁止他。一时朝士，都出其门，交通贿赂，以求援引进达，风俗至此败坏极矣。

按史，中宗遭武氏之乱，罹幽辱，备尝艰辛，一旦复位，正宜总揽乾纲，励精图治可也。乃又溺爱衽席，至使威福之柄，尽出宫门；爵赏之典，下逮仆隶。所谓前车既覆，而后车不以为戒者也。未几，中宗遂为韦后所毒，唐祚几于再倾。呜呼！可鉴也哉！

【注】本则出自《资治通鉴·唐纪二十五·卷二〇九》。中宗：唐中宗李显（656—710），唐朝第四位皇帝（683年—684、705—710两度在位）。臧获：古代对奴婢的贱称。斜封官：也称"墨敕斜封官"，唐代对非正式任命的官员的蔑称，这种官职的任命状是斜封的，从侧门交付中书省办理，与黄纸朱笔正封的敕命不一样，"斜封官"由此得名。武氏之乱：指武则天掌权，中宗被废。

觀燈市里

观灯市里 29 唐中宗

唐史纪中宗春正月，与韦后微行观灯于市里。

解 唐史上，记中宗末年，委政宫闱，任情为乐。尝于正月元宵夜，与韦皇后私出宫禁，观灯于街市里巷之间。

夫人君以万乘之尊，居九重之上，当勤政事，戒逸乐。况中宗遭忧患之后，乃不知戒慎，恣情极意，以天子之贵，观灯市里，混杂于庶民之贱。又且与皇后同行，尤为不可。一则失居尊之体，二则昧防变之智，三则坏宫闱之法，四则倡淫荡之风。一举动之间，犯此四大戒，岂非万世永鉴也哉！

【注】本则出自《资治通鉴·唐纪二十五·卷二〇九》，此事发生于景云元年（710）。

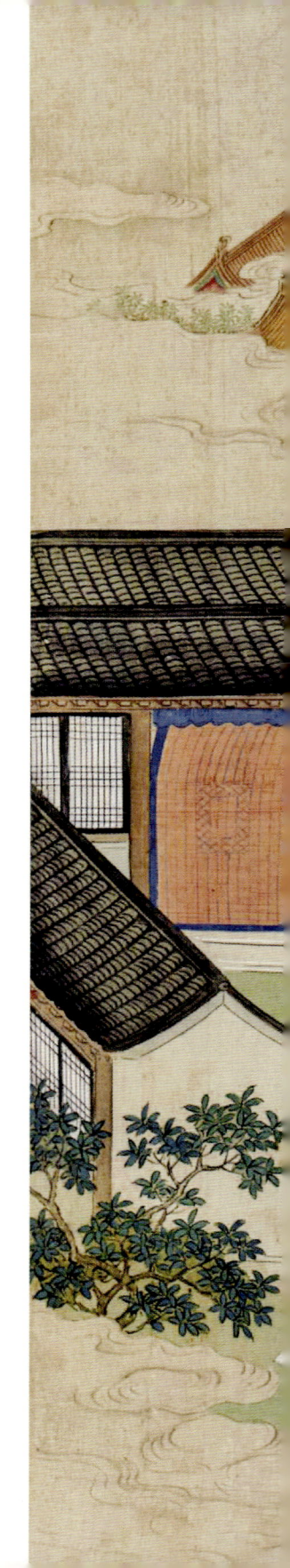

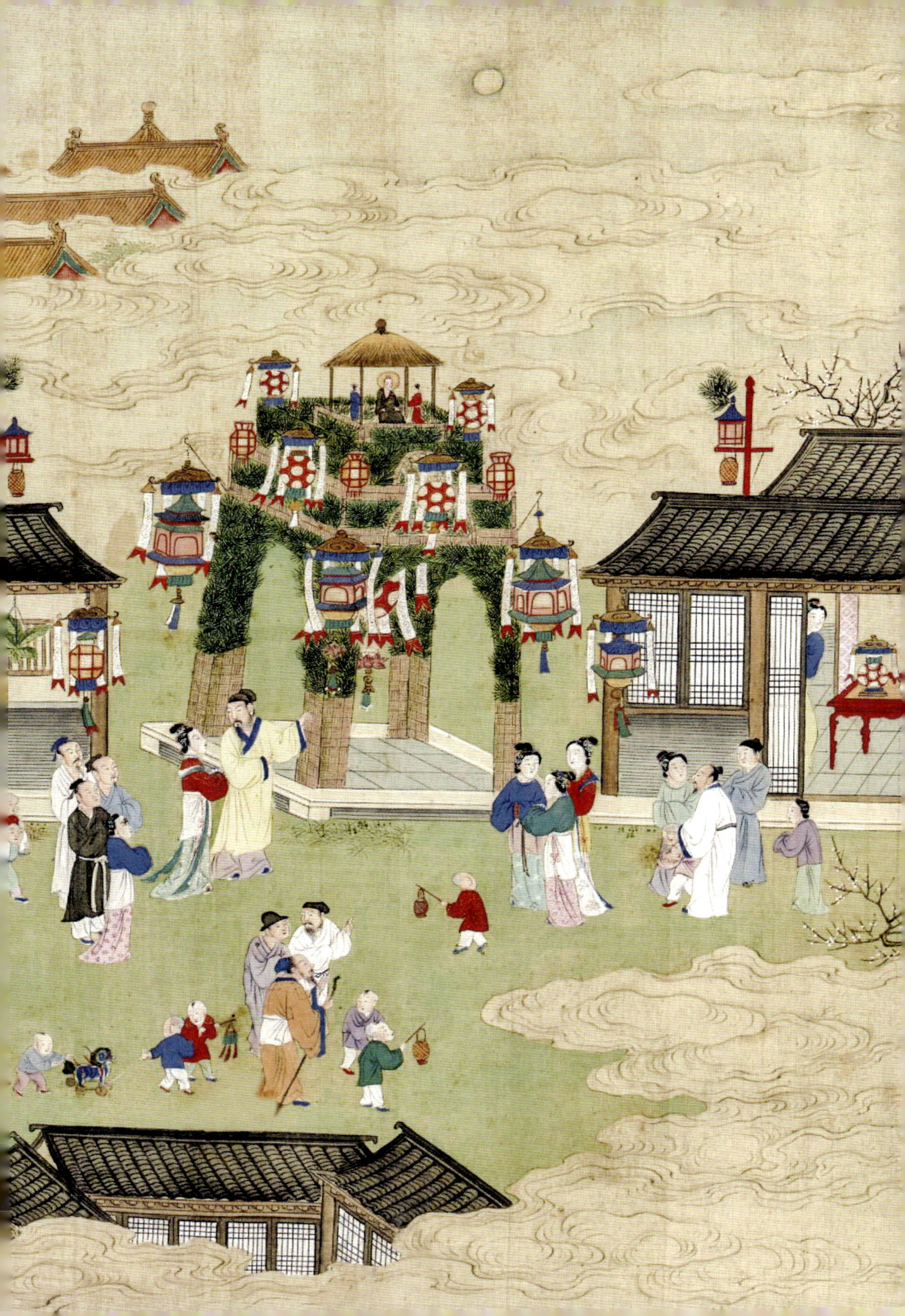

寵幸番將

寵幸番將 30 唐玄宗

唐史纪玄宗以番将范阳节度使安禄山为御史大夫。禄山体肥，腹垂过膝，外若痴直，内实狡黠。上常指其腹曰：「胡儿腹中何所有？」对曰：「更无余物，止有赤心耳。」上悦，容其出入禁中。上与杨贵妃同坐，禄山先拜贵妃，上问何故，曰：「胡人先母而后父。」上益悦之。常宴勤政楼，百官列坐，特为禄山于御座东间，设金鸡障，置榻，使坐其前，仍令卷帘，以示荣宠。

解 唐史上，记玄宗宠一个胡人，叫做安禄山，用他作范阳节度使，使掌着一镇的兵马，又加他以御史大夫之职。那安禄山身体肥大，腹垂过膝，看他外面的模样，恰似个痴蠢直遂的人，而其心却奸狡慧黠。玄宗尝拍着他的肚子问说："胡儿你肚里有些甚么，这等样大？"安禄山对说："臣腹中更无他物，止有一点报国的赤心耳。"玄宗听说，甚喜，又容他出入宫禁。一日玄宗与杨贵妃同坐，禄山进见，先拜杨贵妃，后拜玄宗。这是禄山知道玄宗宠幸杨贵妃，故意趋奉，以悦其心。及至玄宗问他："何故如此？"他却对说："我房人的风俗，先母后父，固如此耳。"玄宗不知其诈，越发喜他。又一日在勤政楼上筵宴群臣，百官都两边待坐。玄宗命于御座东间，张一副金鸡彩障，设一个座榻，命安禄山特坐于群臣之上，还令卷起帘子，使人看见，以彰其荣宠。

按史，禄山曾犯死罪，宰相张九龄谓其貌有反相，劝玄宗早除之。玄宗不惟不听，反加尊宠。其后禄山果反，致令乘舆播迁，中原版荡，唐之天下，几于沦亡。玄宗始悔之晚矣，语曰："非我族类，其心必异。"岂不信哉？

【注】本则出自《资治通鉴·唐纪三十一·卷二一五》。 安禄山（703—757）：出身西域康国，唐朝时期藩镇割据将领，天宝十四年（755），发动"安史之乱"。 金鸡障：画金鸡为饰的坐障。 张九龄（673—740）：唐代有名的贤相、诗人，为"开元之治"作出了积极贡献。 乘舆：帝王车驾，借指帝王。 播迁：迁徙，流离。 版荡：动乱不安。

敛财侈费

敛财侈费 31 唐玄宗

解 唐史上，记玄宗初年，惜财俭用，及在位日久，荒淫无度，费用日侈，年例钱粮不够使用。于是，江淮租庸使韦坚，户部郎中王鉷，窥见朝廷上用财紧急，争去科敛民财，取悦于上。一日各处转运船只，都到了京城，韦坚要显他的才干，遂引浐水为潭，把江淮一带的运船数百只，装载着四方的珍宝货物，叫陕城县的一个县尉，名崔成甫，身穿着锦半臂，绿衫，头上裹着红袧，在前面船上唱《得宝歌》；使美妇女百十人，浓妆盛饰，齐声唱而和之。玄宗见了大喜，就在望春楼上，摆设筵宴，尽日而罢。王鉷又于年例之外，进献钱帛至百亿万，另收在内库里，专供应宫中赏赐。玄宗不知韦坚、王鉷原是剥削百姓的骨髓，以供上用；只说天下钱财，这等丰富，用之不尽，把金帛看得如粪土一般，赏赐无有纪极。自是民不聊生，而海内骚然变乱矣。

夫天地生财，只有些数，在官者多，则在民者寡矣。自古奸臣要迎合上意，往往倡为生财之说，其实只是设法巧取民财，横征暴敛。由是杼柚空虚，闾阎萧索，以至民穷盗

唐史

纪玄宗在位久，用度日侈，常赋不足以供。于是江淮租庸使韦坚，户部郎中王鉷，竞为聚敛以悦上意。韦坚引浐水为潭，以聚江淮运船，上幸望春楼观之。坚以新船数百艘，载四方珍货，陕城尉崔成甫，着锦半臂、绿衫，红袧首，居前船唱《得宝歌》；使美妇百人，盛饰而和之。上喜，为之置宴，竟日而罢。鉷于岁贡额外，进钱帛百亿万，另贮于内库，以供宫中赏赐。上以国用丰衍，故视金帛如粪壤，赏赐无极，海内骚然。

起，瓦解土崩。虽有善者，亦无如奈何矣。玄宗初年，焚锦销金，崇尚俭德。开元之治，庶几三代，及在位日久，侈念一生，奸邪承之，聚财纵欲，遂成"安史之乱"。由此观之，治乱兴亡之判，只在一念奢俭之间而已。可不戒哉！可不畏哉！

【注】本则出自《资治通鉴·唐纪三十一·卷二一五》。浐水：水名，在今陕西省。杼柚：中央行政机构。闾阎：平民百姓；闾，门户，人家，古代以二十五家为闾；阎，里巷的门。

便殿击毬

便殿击毬 32 唐敬宗

唐史纪敬宗初即位,即游戏无度,幸内殿击毬,奏乐。赏赐左右乐人,不可胜纪。又召募力士,昼夜不离侧。好自捕狐狸。视朝,月不再三,大臣罕得进见。

解 唐史上,记敬宗初即帝位,那时他先帝梓棺还在殡,通不知哀思,只好游戏,没些樽节,常幸各内殿,与宦官刘克明等打球,又命乐工奏乐、鼓吹、喧闹,全无居丧之礼。赏赐那左右近侍及乐工,泛滥不可尽记。又把钱去雇募有力的人,跟随左右,日夜不离。好自家去捕捉狐狸,以为戏乐。每月视朝还没有三次,大臣不得朝见,政事都荒废了,其后竟遭弑逆之祸。

看史上载敬宗所行,也有几件好事,本是个聪明之主,只为幼年不曾学问,被群小引诱,遂至于此,可悲也哉!

注 本则出自《资治通鉴·唐纪六十·卷二四四》。敬宗:李湛(809—827),唐朝第十三位皇帝(824—826在位)。樽节:约束。

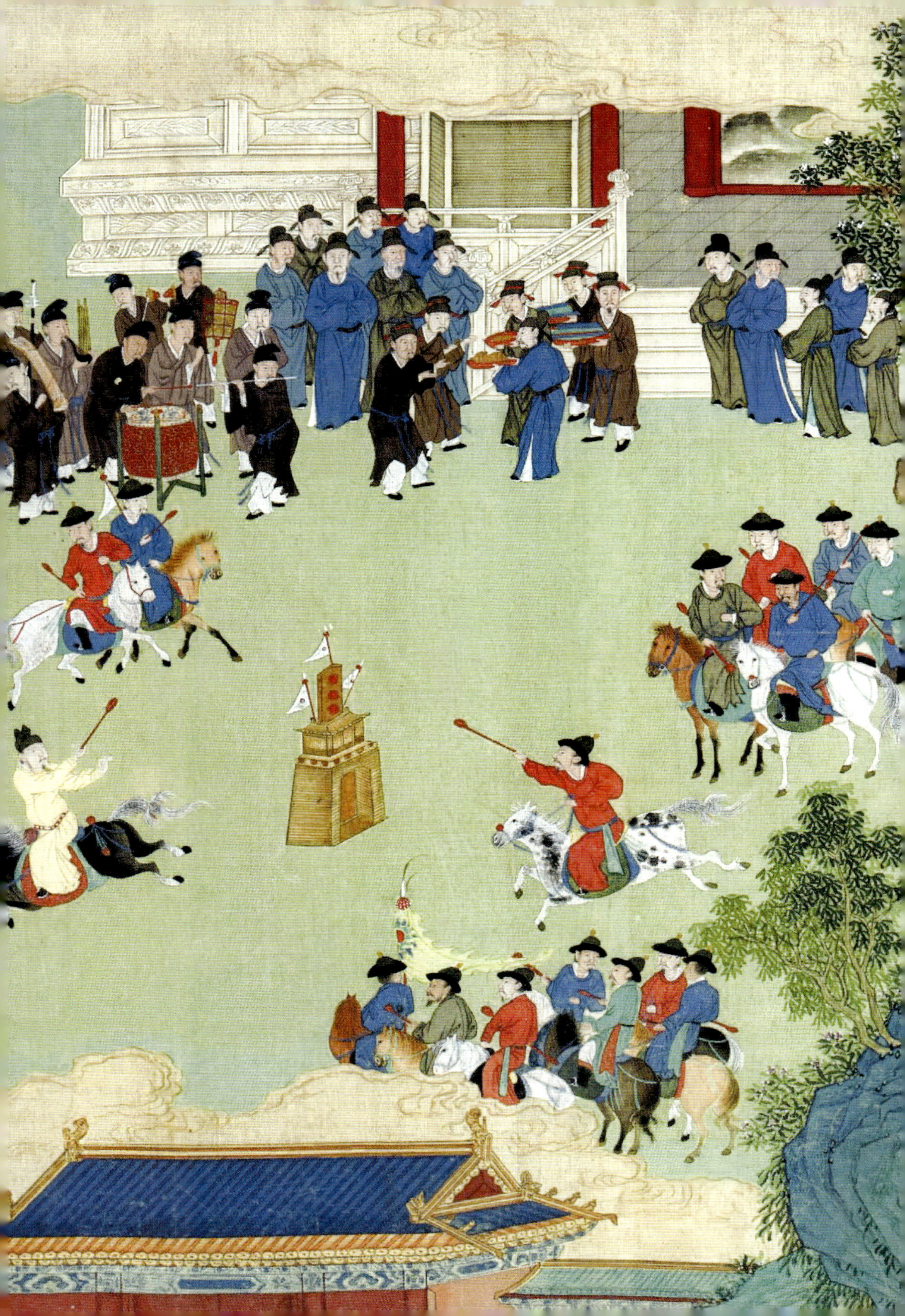

宠信伶人

宠信伶人 33 后唐庄宗

五代史

纪后唐庄宗，幼善音律，故伶人多有宠，常侍左右。庄宗有时自傅粉墨，与优人共戏于庭，以悦刘夫人。优人常名之曰"李天下"。诸伶出入宫掖，侮弄缙绅。庄宗信其谗，疏忌宿将，诸将叛之，庄宗为乱兵所弑，侍臣敛庑下乐器，聚其尸而焚之。

解 五代史上，记后唐庄宗自小时，就精通音律，因此教坊乐工多得宠幸，常随侍左右。那时宫中刘夫人有宠，庄宗有时自家涂抹粉墨妆扮乐工的模样，与众乐工共戏于庭前，以悦刘夫人，使他欢笑。其无耻如此。诸乐工们倚恃庄宗宠爱，通不知上下之分，只叫庄宗做"李天下"。因而出入宫禁，侮弄缙绅士大夫，无些忌惮。又谗谮诸有功大将，庄宗听信其言，渐渐疏忌诸将，所以群臣愤嫉于内，诸将怨惧于外，共奉李嗣源以叛。庄宗中流矢而殂，侍臣取廊下陈设的乐器，堆在庄宗尸上，举火焚之。

庄宗平生好音乐、宠优伶，及其死也，与乐器俱焚，所谓君以此始，必以此终者也。夫庄宗初年，艰难百战，以取天下，是何等英武！一旦天下已定，志满气骄，遂致身弑国亡，贻笑千古。兴亡之机，可畏也哉！

【注】 本则出自《资治通鉴·后唐纪一·卷二七二》。庄宗：李存勖（885—926），后唐开国皇帝（923—926 在位）。

下篇　狂愚覆辙

上清道会

上清道会 34 宋徽宗

宋史

纪徽宗幸上清宝箓宫，设千道会，且令士庶入听林灵素讲经，帝为设幄其侧。灵素据高座，使人于下再拜请问。然所言无殊绝者，时时杂以滑稽媟语，上下为大哄笑，无复君臣之礼。又令吏民诣宫，授神霄秘箓。道箓院上章，册帝为教主道君皇帝。

解 宋史上，记徽宗崇尚道教，曾替道士林灵素盖一座宫，叫做上清宝箓宫。徽宗每临幸其地，便设大斋醮，但来的，既与斋饭，又与衬施钱三百，叫做千道会。且令士民都入宫，听林灵素讲道经。徽宗设御幄于其旁，着灵素在正面坐着高座，使人于下再拜请问。灵素所讲的，却只寻常，无奇异处。时或杂以诙谐亵狎的言语，上下哄然大笑，无复君臣严肃之礼。又令官民人等，都到这宝箓宫里，传授他神霄秘箓，盖假神其术，言受此箓，可获再生富贵也。道箓院官因上表章，册号徽宗作教主道君皇帝。

夫徽宗为亿兆之君师，乃弃正从邪，屈体于异流，猥杂于凡庶，甚至亲受道号，甘为矫诬。自昔人主溺于道教至此极矣！卒有北狩之祸，身死五国城，彼所谓三清天尊者，何不一救之欤？

【注】 本则出自《宋史·徽宗本纪》。徽宗：赵佶（1082—1135），宋朝第八位皇帝（1100——1126 在位），被金兵掳走，死于五国城。媟（xiè）：轻慢。北狩：被当作猎物掳至北方。五国城：又称坐井观天遗址，在今黑龙江省依兰县西北。

下篇 狂愚覆辙

應奉花石

應奉花石 35 宋徽宗

宋史

纪徽宗性好花石，朱冲密取浙中珍异以进，帝嘉之。岁岁增盛，舳舻相衔于淮、汴，号『花石纲』。又置应奉局于苏州，命冲子勉总其事，于是搜岩剔薮，幽隐不遗。凡士庶之家，一石一木，稍堪玩者，即领健卒入其家，用黄帕覆之，指为御物。及发行，必撤屋抉墙以出。斸山辇石，程督惨刻。虽在江湖不测之渊，百计取之，必得乃止。民预是役者，多破产，或卖子女以供其需。

【解】宋史上，记徽宗性喜花石。苏州有人叫做朱冲，闻知朝廷要花石，就密求浙江地方奇异的花石进献。徽宗喜他，因此年年加添，所贡渐盛。淮汴二河中，都是载运花石的船只，络绎不绝，首尾相接，叫做"花石纲"。又置个应奉局在苏州，命朱冲的儿子朱勉总领其事。朱勉既奉朝命，专以购求花石为事。岩穴薮泽之中，通去搜索一遍，虽幽深隐蔽去处，也无不到。凡士庶人家里，有一块石，有一棵树，稍稍可玩的，朱耐就领健卒数十人，直入其家，用黄帕子遮盖了，就指说此是朝廷御用之物，着他看守，及发行时，必撤开房屋，抉破墙壁以出。如山上有奇石就令人凿山以取之，用车船搬运。催督工程，极其惨刻。虽生于江湖不测之渊，他也千方百计以取之，务要得了才止。百姓每为这差使重累，多破荡家产，又有鬻卖子女以供其费者。

夫花石之玩，何益于事？而徽宗乃好之不已。至于上耗国用，下竭民力，曾不知恤，遂使邦本动摇，强虏内犯，身死沙漠，家族播迁，岂不愚哉！

【注】本则出自《宋史·徽宗本纪》。花石纲：专门运送奇花异石，以满足皇帝喜好的特殊运输交通名称，往往是十船称一"纲"。斸（zhú）：挖。

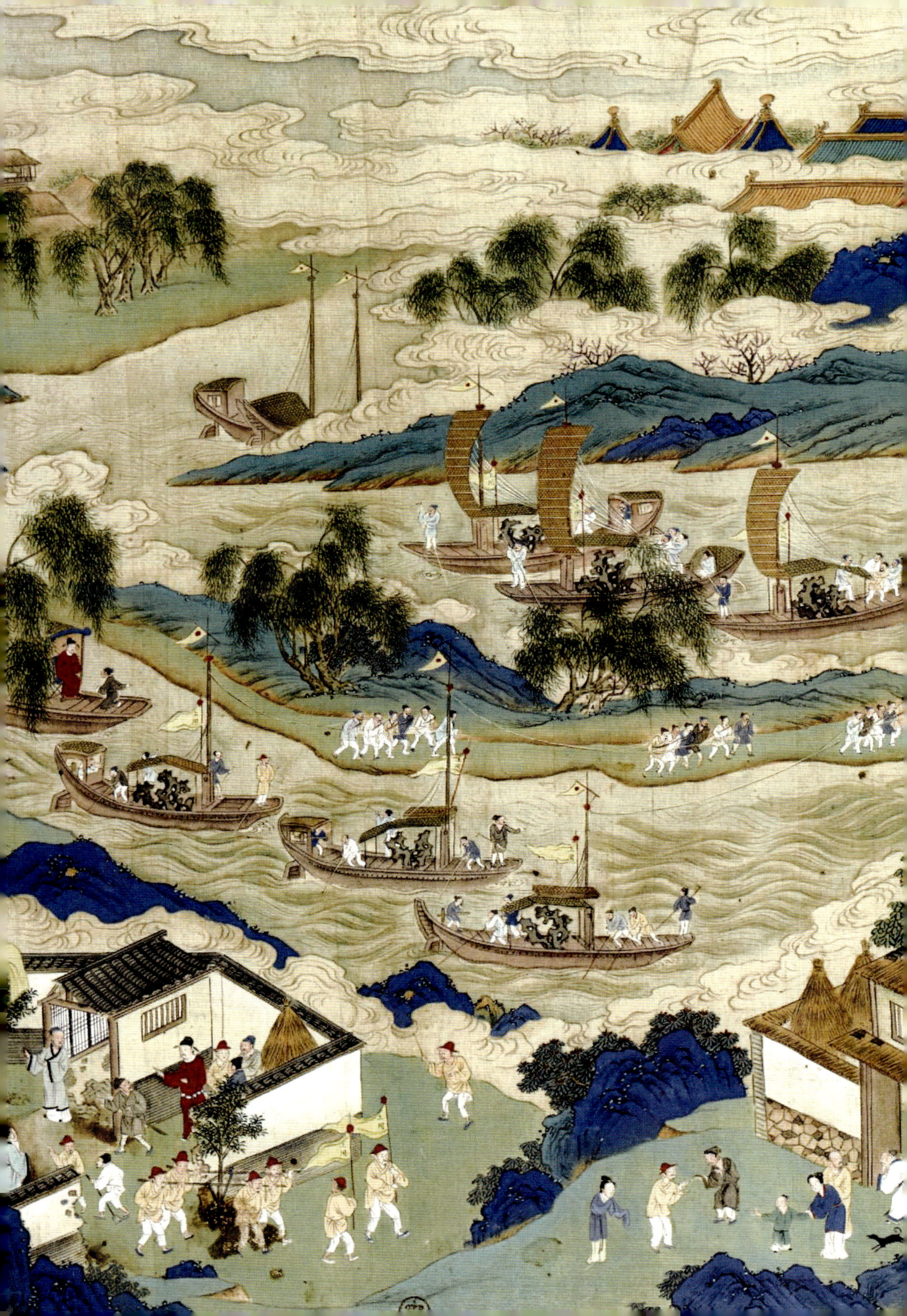

任用六贼

任用六贼 36 宋徽宗

解 宋史上，记徽宗时，承祖宗累世太平，仓库钱粮充盈满溢。那时，奸臣蔡京为相，只要保位固宠，乃倡为"丰、亨、豫、大"之说，劝徽宗趁此太平，欢娱作乐。一日徽宗大宴群臣，将所用的玉琖、玉卮示辅臣说："此器似太华美。"蔡京奏说："陛下贵为天子，当享天下的供奉，区区玉器，何足计较。"徽宗又说："先帝尝造一座小台，言官谏者甚众。"蔡京又奏说："凡事只管自己该做的，便是人言何足畏乎？"徽宗因此志意日侈，不听人言。蔡京又另外设法搜求羡余钱粮，以助供应；广造宫室，以备徽宗游观，起延福宫，凿景龙江，筑艮岳假山，皆穷极壮丽，所费以亿万计。天下百姓，困苦无聊，纷纷思乱，而徽宗不知，恣意游乐，宠任蔡京之心愈固。于是，京之威权震于海内矣。那时，又有梁师成、李彦，固聚敛货财得宠；朱勔，因访求花石得宠；王黼、童贯，因与金人夹攻辽人，开拓边境得宠。这些不好的事，都是蔡京引诱开端的。

【注】 本则出自《宋史·徽宗本纪》。帑庾：储藏钱财、粮食的仓库。靖康之祸：指靖康二年（1127），金兵南下攻取北宋首都东京，掳走徽、钦二帝，导致北宋灭亡的历史事件。

宋史

纪徽宗在位，承平日久，帑庾盈溢。蔡京为相，始倡为『丰、亨、豫、大』之说，劝上以太平为娱。上尝大宴，出五盏玉琖、玉卮以示辅臣曰：『此器似太华。』京曰：『陛下当享天下之奉，区区玉器，何足计哉！』上曰：『先帝作一小台，言者甚众。』京曰：『事苟当理，人言不足畏也。』由是上心日侈，谏者俱不听。京又求羡财以助供费，广宫室以备游幸。兴延福宫、景龙江、艮岳等工役。海内骚然思乱，而京宠愈固权震海内。是时梁师成、李彦以聚敛幸，朱勔以花石幸，王黼、童贯以开边幸，而京为之首，天下号为『六贼』，终致『靖康之祸』。

所以，天下叫这六个人作"六贼"，而蔡京实六贼之首。因此，海内穷苦，百姓离心，到靖康年间，金人入寇，京师不守，徽宗父子举家被虏北去，实宠任六贼之所致也。

自古奸臣要蔽主擅权，必先导其君以逸豫游乐之事，使其心志蛊惑，聪明壅蔽，然后可以盗窃威福，遂己之私。观徽宗以玉器为华，是犹有戒奢畏谏之意，一闻蔡京之言，遂恣欲穷侈，酿祸基乱。嗟呼！此孔子所谓"一言而丧邦者"欤！大抵勉其君恭俭纳谏者，必忠臣也，言虽逆耳，而实利于行；导其君侈靡自是者，必奸臣也，言虽顺意，而害无穷。人主能察于此，则太平可以长保矣。

下篇后记

右恶可为戒者三十六事。自古人君覆亡之辙，大略不出乎此矣。谚曰："前人踬，后人戒。"然世主皆相寻而不改。彼下愚不移，固无足怪。至如晋武、唐玄、庄宗之流，皆英明雄武，又亲见前代败亡之祸，或间关险阻，百战以取天下，及其志得意盈，迷心鸩毒，遂至一败涂地，不可收拾。其视中材守成之主，反不逮焉。《书》曰："惟圣罔念作狂。"成败得失之机，可畏也哉！

臣等尝伏读我太祖高皇帝《实录》，与侍臣论及古来女宠、宦寺、外戚、权臣、藩镇、夷狄之祸。侍臣曰："叔季之君，至于失天下者，常在于此。"高皇帝曰："朕究观往古，深为用戒。然制之有道，若不惑于声色，严宫闱之禁，贵贱有体，恩不掩义，则女宠之祸，何自而生？厚其恩赏，不任以事，苟干政典，裁以至公，则外戚之祸，何由而作？宦寺便习，供给使令，不假以兵柄，则无宦寺之祸。不设丞相，六卿分职，使上下相维，大小相制，防耳目之壅蔽，谨威福之下移，则无权臣之患。藩镇之设，本以卫民，使财归有司，兵必合符而调，岂有跋扈之忧？修武备，谨边防，来则御之，去不穷追，则无夷狄之虞。"渊哉睿谟，诚万世圣子神孙所当遵守而弗失者也。至于端本澄源，正心修身，以销衅孽于未萌，杜间隙于无迹者，则又备载宝训及御制诸书，伏维圣明留意焉。臣等不胜幸愿！

《帝鉴图说》后序

万历元年孟春之吉

吏部左侍郎兼翰林院侍读学士
掌詹事府事
豫章王希烈 撰

今元辅少师张公既辑《帝鉴图说》奏御，刻其副以传，间示烈，使叙诸后。烈尝考载籍，究观古大臣之义，则叹公之所为虑至远也。自昔嗣德守文之主，莫盛于商周。商周之臣左右，启沃其著者，在训诰保衡，当嗣王之初，称引烈祖陈风愆之戒甚悉。成王生八年而践阼，公旦明勖棐迪、劳逸修短之戒，益加严焉，其大指可睹已。夫辅养之道与匡救异，辅养之于冲年与鼎盛之年异，人主至有佚德，然后忠谏直鲠之士相与随而争之，其转移之甚难，而用力甚倍。辅养之道常止邪于未形，起善于微眇，故渐渍日益，而从之也轻。夫人少而习之，长而安焉。及其安也，骤而告语，未可卒禁；而方其习也，则取舍未定，志意常虚。未定，故可道而趋；虚，故可乘而入，与之为贤圣非难也。语曰"少成若性"，途之人皆然，何况人主哉！盖显诤默移，机有深浅，先入后戒，施有逆顺，格心政事，效有微博，故曰异商周之大臣，辨于是矣。

公以顾命元辅，受上眷倚赞襄密，勿孳孳夙夜，居常持议与官保吕公言。国家大体，必以辅养君德为急。其绘图陈说，皆意所指授，手所疏列，精思极虑而后成之。时时被顾问，质所疑，及圣哲之际，未尝不反复诵之也。至覆亡已事，未尝不慎惋为上深陈之也，斯已勤矣。上以英妙之龄，神智天授，即商周令王不足侔。公辅养得其道，又及其时积之，以精诚而发之乎忠恳，盖信在未谏，功在不言，而海寓蒙福，社稷赖之，即商周大臣不能过。

是图说也，即训诰之义，何以殊焉！於戏！使当士大夫知今日之所亟在君德，不在政事。一切省谈说而除文苛，知公辅养之深意，益务励翼，以佐下风，人人各举其职，则主必益圣，治必益隆，太平可期日而望。是亦公刻以传之意也。图说大指，具公所进疏及大宗伯陆公叙中，故不著著，公之心如此。

【注】

烈：即王希烈。 嗣德：继承祖先美德。 守文：遵循先王法度。 启沃：出自《尚书·商书·说命上》："启乃心，沃朕心，若药弗瞑眩，厥疾弗瘳。"指竭诚开导、辅佐君王。 训诰：原为《尚书》的文体，训为记述训导言词，如《伊训》；诰为施政文告，如《汤诰》；后泛指训导告诫之类的文辞。 保衡：原为商代大臣伊尹尊号，后指代辅佐国君之官。 嗣王：继承王位。 成王：周成王姬诵，年幼即位。 践阼：登基、即位。 公旦：周公姬旦。 弼：辅佐。 少成若性：出自《大戴礼记·保傅》："少成若性，习贯之为常。" 显诤：公开地谏诤。 吕公：指吕调阳，万历年间内阁次辅，以廉正闻于朝野，曾协助首辅张居正进行改革，以稳重不争受到神宗的器重。

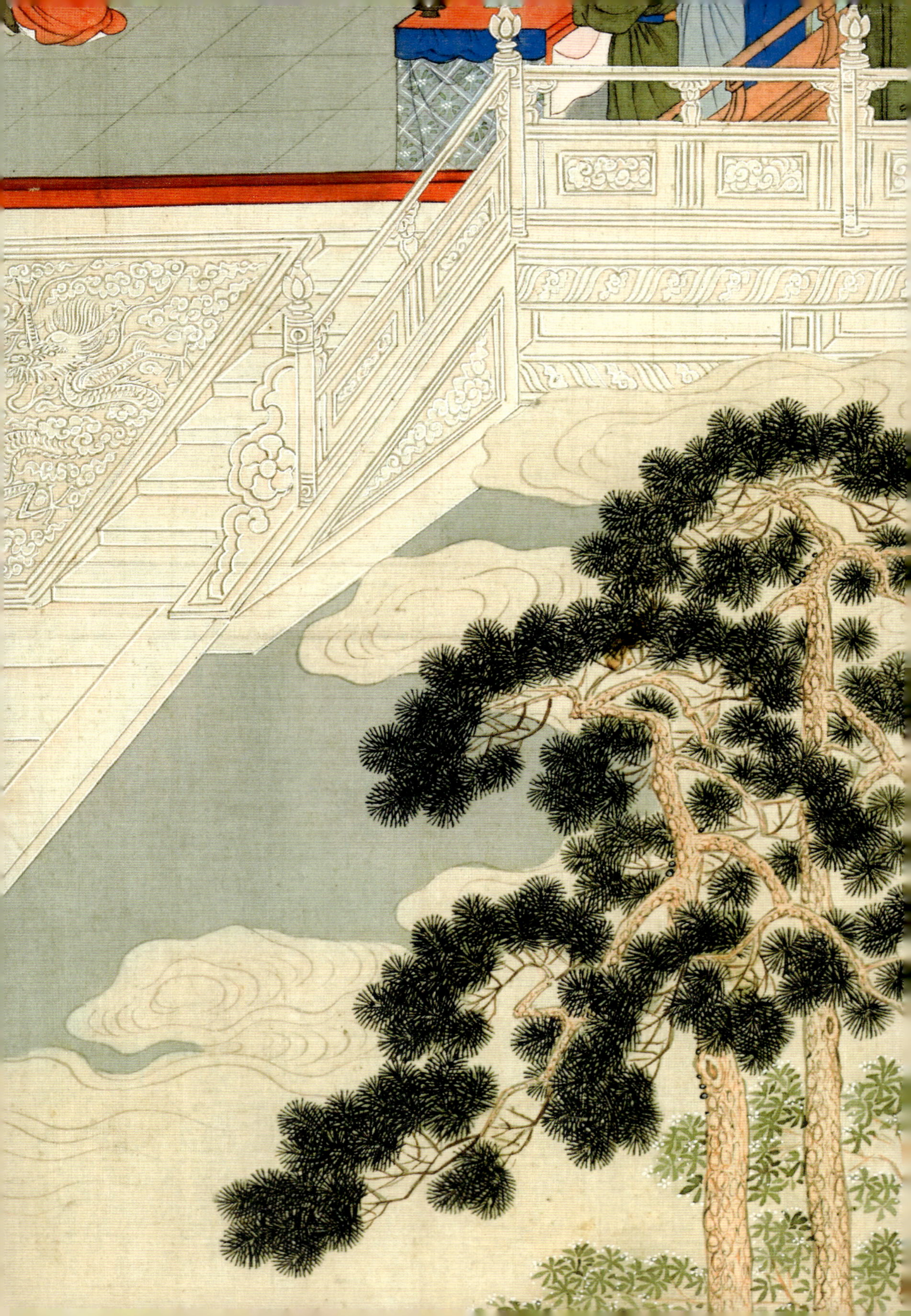